姜正成◎主编

商道

强者的经营法则

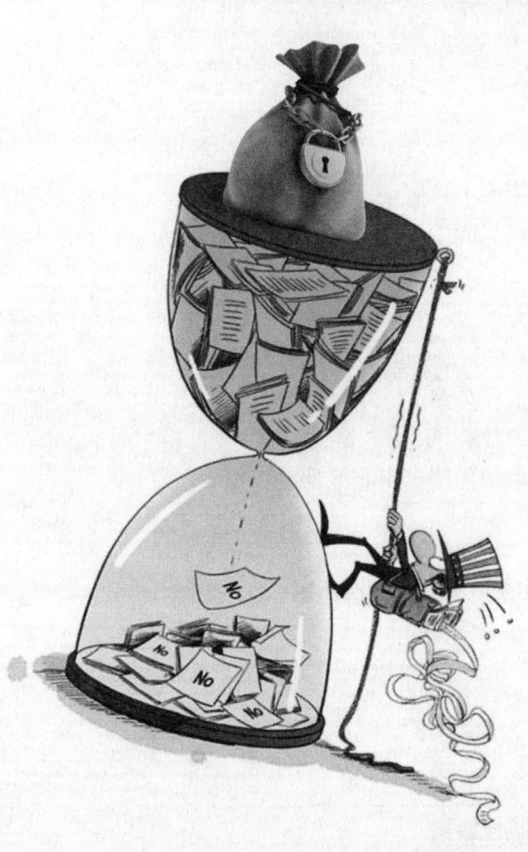

民主与建设出版社

图书在版编目（CIP）数据

商道：强者的经营法则/姜正成主编．—北京：民主与建设出版社，2016.7
ISBN 978-7-5139-1124-5

Ⅰ.①商⋯　Ⅱ.①姜⋯　Ⅲ.①商业经营—通俗读物　Ⅳ.①F715-49

中国版本图书馆CIP数据核字（2016）第121495号

©民主与建设出版社，2016

商道：强者的经营法则
SHANGDAO：QIANGZHE DE JINGYING FAZE

出 版 人	许久文
主 　 编	姜正成
责任编辑	王　颂　王　倩
封面设计	侯　泰
出版发行	民主与建设出版社有限责任公司
电 　 话	（010）59417747　59419778
社 　 址	北京市朝阳区阜通东大街融科望京中心B座601室
邮 　 编	100102
印 　 刷	北京晨旭印刷厂
版 　 次	2016年7月第1版　2016年7月第1次印刷
开 　 本	710mm×1000mm　1/16
印 　 张	15.75
字 　 数	234千字
书 　 号	ISBN 978-7-5139-1124-5
定 　 价	36.00元

注：如有印、装质量问题，请与出版社联系。

前　言

　　大众创业，万众创新，自强自立，勇于搏击，这既是时代的召唤，也是强者的责任。

　　人可以脆弱，但绝不能懦弱。生命是一次次蜕变的过程，唯有经历各种磨难，才能增加生命的厚度。面对痛苦，我们要积极地选对方法，放弃自怜自艾，做生活的勇者；停止自暴自弃，做人生的强者。

　　从出生到现在，每个人都感受过苦楚的滋味。在母体里，我们便不断忍受着宫缩与挤压，才慢慢地从那黑暗的地方诞生出来，见到人生的第一缕阳光；我们跌跌撞撞地成长，蹒跚学步时无数次地摔跤；牙牙学语时无数次咬到舌头；甚至有时在床上睡着，都能在睡梦中跌下床来……

　　长大后，我们学着如何做人，总会有这样不好或那样不如意的事情盘踞在我们身上。小至一些小病小痛降临在我们身上，大到遇到一些让我们觉得不堪忍受的挫折。有时我们会在深夜里暗自流泪，有时我们又会一个人默默地忍受，忍受着这些生活中无法忽略又必须经历的苦痛。

　　疼痛，成长，是我们每个人的人生必经的一段路。我们想要成长，就必须要付出代价。经历得多了，成熟了，就要学会做一个最好的自己。或许我们不是十全十美的，但我们可以令自己变得更好。告诉自己，我们所受的一切苦楚，不过是让我们变得更好的垫脚石，是令我们更加努力的天赐动力罢了……

　　只要我们不肯言败，就没有人能打败我们。人世间的事就是如此，这个世界的规则也是如此。不要做一个亏待自己的人，老天从我们身上取走了什么，我们就要懂得从老天身上取回什么。受了苦，不与自己做抗争，而是要与天命做抗争。做怎么样的自己，我们能够替自己决定，无须别人

从中指手画脚。任何时候都要记住：做永不言败的自己，人生只有一次，不要辜负了自己。或许，阅读本书，你将会从中获得启迪。

对经商人士来说，精心策划，严密组织，认准目标，持之以恒，全力打拼，永不言败，齐心协力，开拓进取，这已经成为商人的一门重要的必修课，基于此，我们特意编写了此书，通过商战中一系列有代表性的经典案例，总结出一些切实可行的具体做法，希望能给市场中的朋友们带来一些有益的参考。

目 录

前言……………………………………………………………… 001

第一章 舵手：沉稳老辣，总揽全局

1. 组建强有力的领导机构……………………………………… 002
2. 具有超前的决策意识………………………………………… 006
3. 大局为重……………………………………………………… 009
4. 身先士卒，以身作则………………………………………… 012
5. 处变不惊，心态良好………………………………………… 015
6. 用实力傲视群雄……………………………………………… 018

第二章 团队：组织严密，进退一致

1. 科学的内部管理机制………………………………………… 024
2. 责任明确，各负其责………………………………………… 027
3. 互相配合，协同作战………………………………………… 030
4. 广揽人才，知人善任………………………………………… 033
5. 有效的激励机制……………………………………………… 037
6. 汰弱留强，保持活力………………………………………… 040

第三章 阵地：稳守地盘，图谋发展

1. 在市场上建立一块根据地…………………………………… 046
2. 打出自己的品牌……………………………………………… 049

  3. 时刻掌握主动权……………………………………………052
  4. 机动灵活，奇正互变……………………………………056
  5. 白手打天下………………………………………………059
  6. 居安思危，利在长远……………………………………062

第四章　勇气：以命相拼，奋勇争先

  1. 两强相遇勇者胜…………………………………………068
  2. 永远保持饥饿感…………………………………………071
  3. 以小利谋大利……………………………………………074
  4. 可贵的牺牲精神…………………………………………077
  5. 勇于独当一面……………………………………………080
  6. 坚持到底就是胜利………………………………………083

第五章　谋略：运筹帷幄，精心布局

  1. 不打无准备之仗…………………………………………088
  2. 计划翔实，目标明确……………………………………091
  3. 反复论证，务求必胜……………………………………094
  4. 准备多套应急方案………………………………………098
  5. 把竞争对手引入圈套……………………………………101
  6. 谈判桌上的较量…………………………………………104

第六章　方法：选择时机，耐心等待

  1. 知己知彼，百战百胜……………………………………110
  2. 获取信息和情报…………………………………………112
  3. 加强联络与沟通…………………………………………117
  4. 耐心，耐心，再耐心……………………………………120
  5. 深藏不露…………………………………………………122
  6. 以逸待劳…………………………………………………125

第七章　战术：痛下杀手，一击必中

1. 对竞争对手毫不留情……………………………………130
2. 集中优势兵力……………………………………………133
3. 抓住最佳时机……………………………………………136
4. 擒贼先擒王………………………………………………139
5. 兵贵神速…………………………………………………142

第八章　计策：善于伪装，诡计多端

1. 对环境的巧妙利用………………………………………148
2. 施放烟雾，迷惑对方……………………………………151
3. 声东击西，各个击破……………………………………154
4. 善于乱中取利……………………………………………158
5. 出奇兵，暗度陈仓………………………………………161
6. 笑里藏刀，博取信任……………………………………164

第九章　取舍：勇于割舍，保存实力

1. 当断不断，反受其乱……………………………………170
2. 壮士断腕，果断放弃……………………………………173
3. 舍小保大，舍车保帅……………………………………176
4. 化整为零，保存实力……………………………………179
5. 预留退路…………………………………………………181
6. 以退为进…………………………………………………184

第十章　责任：肩担责任，同进同退

1. 对弱小者的关怀和爱护…………………………………190
2. 捍卫团体的利益和荣誉…………………………………193

3. 为员工谋福利………………………………………… 196
4. 加强员工的培训………………………………………… 198
5. 团结如一人………………………………………… 201
6. 以诚相待………………………………………… 204

第十一章　精神：自强自立，开拓进取

1. 走自己的路………………………………………… 210
2. 不屈不挠，愈挫愈坚………………………………………… 213
3. 塑造企业精神………………………………………… 215
4. 拿来主义………………………………………… 218
5. 高风险，高收益………………………………………… 220
6. 创新是企业的生命………………………………………… 224

第一章 舵手：
沉稳老辣，总揽全局

  高明的领导者是一个企业、一个团队的坚强的核心，他必定是充满智慧与勇于进取的，当断则断，高瞻远瞩，他们会像一位优秀的舵手一样组织着一次次的航行行动，在恶劣的生存环境中，率领团队顽强地奋战不息。

  一位优秀的领导者只有像舵手那样，沉稳老辣，总揽全局，以良好的心态、超前的决策意识、高瞻远瞩的独到眼光，对市场进行科学的分析、准确的判断，才能做出正确的决策，迅速展开有效的经营活动，使自己的企业不断由弱变强，由小变大，逐渐成长为本行业中的佼佼者。

  公司的前程被自己的实力左右着，事业的辉煌被自己的实力决定着，因此，狠下功夫、苦练内力，是每一个有志于市场竞争的强者所必须给予高度重视的。

 1. 组建强有力的领导机构

在激烈的市场竞争中,我们首先要把自己摆放到"舵手"的位置上,然后再运用比较科学的手段,广泛提拔一批才华横溢的人才进入领导机构,形成一个坚强的领导集体,才能确保我们的事业勇往直前。

我们常说"商场如战场",商场竞争的残酷丝毫不亚于航行中与大自然拼搏的激烈,如果不有效地组织起来,单是凭着自己的血气之勇,而一味地去猛干、蛮干,那么最终必定是落得一败涂地的下场。

我们经常发现身边有公司成立,隆重地开了业,但没过多久,客人们对它还没有留下很深的印象,它却已惶惶然地关了门,赔得一塌糊涂,原因何在呢?

原因自然是多方面的,但如果我们深入考察的话,就会发现其中一个十分重要的原因,就是没有形成一个强有力的、富有远见卓识的坚强领导核心。

在开业前,几个亲朋好友在一起讨论,你一言,我一语,谈得兴高采烈,一冲动,共同组建公司的意向就达成了。你出三万,我出五万,大家都凑数,一个公司就这样草率地诞生了。

在这种公司里,人人都有强烈的赚钱冲动,但能够把公司带上健康发展道路敢于负责的核心式领导人物却很难出现。如果开始顺利,那么大家还能士气高昂,一团和气,但事实上却并非如此。

开办公司常常会遇到一系列意想不到的情况,必须要有人出面解决,还要面对开拓市场的一系列难题,必须要有人出面做主。一旦出现了不太如意的情况,这些人就会树倒猢狲散,撤资的撤资,辞职的辞职,一个刚刚成立的公司转眼就被扼杀在摇篮里。

把企业竞争比之于大自然，大自然中的动物种群最有组织性的莫过于狼群，还是让我们来看看狼群吧：狼群在剿杀猎物之后，会高兴地围着猎物，转着圈跑，来表达它们的喜悦之情，从而留下一道一米多宽的狼道。狼道是非常齐整的，很少有狼会越出圈外，这表明狼群具有高度的组织性和纪律性。

在千百年的生存竞争中，狼群逐渐改变了原来散兵游勇式的捕猎方式，形成以狼王为首的强有力的领导机构，以确保它们在行动中取得高度的一致，从而使它们的捕猎方式发生了质的飞跃，具有了正规野战军作战的规模，令人既感震惊，又大惑不解。

伟大领袖毛泽东曾说："革命纪律性，战斗无不胜。"只有具有纪律性和组织性的团体，才是坚强有力的，不可战胜的，而组织纪律之所以会形成，就在于拥有一个能被这个团体所广泛认可的强有力的领导机构。

对狼群是如此，对军队是如此，对一个现代化的公司来说，也同样如此。

如果上层领导钩心斗角、势不两立，那么整个公司势必如一盘散沙，经济效益下滑，朝不保夕。要想改变这种现状，就必须首先从领导机构入手，进行大规模的整顿。

1978年，举世闻名的克莱斯勒汽车公司陷入破产的边缘，在这危急关头，艾柯卡走马上任，当上了公司的总裁。

艾柯卡吃惊地发现，公司居然有35位副总经理，不仅人浮于事，而且更严重的是，这些上层领导之间互相争斗，推诿扯皮，使公司的业务大受影响。

他当机立断，一下子解除了33位副总经理的职务，只留下了两位确有才干又敢于负责的副总经理进入他的领导班子。

与此同时，他还大力选拔人才，如财务专家史蒂夫·米勒在短短半年时间里，就把公司乱七八糟的账目整理得清清楚楚，理所当然地进入了他的领导机构；再如汽车设计专家哈尔·斯珀科奇对市场有超出常人的预感，也被他吸收进了领导核心之中。

如果在生产经营中出现了问题，他就及时召集公司高层人员开会研究，集中大家的智慧，提高解决问题的针对性和果断性。他还有意识地请

来各部门的经理,让他们也来参与公司的重大决策,提高他们对公司的归属感和责任感,他把这种方式称之为"共识管理"。

艾柯卡的一系列改革举措,彻底扭转了公司原有的涣散面貌。公司上下都在为走出低谷而顽强奋斗,到了1983年,公司终于奇迹般地起死回生,又实现了大幅度的盈利。

1985年,他被许多人视为竞选总统的最佳人选之一,连当时的美国副总统布什也承认艾柯卡是竞选总统的"最强有力的竞争对手"。然而他放弃了这样的机会,又对克莱斯勒公司进行了重组,划分为四大部门,以便在更激烈的市场竞争中,进一步壮大自己。

人常说:"兵熊熊一个,将熊熊一窝。"如果领导机构软弱无能,行动迟缓,甚至矛盾重重,大闹"窝里斗",那么这样的公司要不了多久,就会自动垮台。面临破产的克莱斯勒公司就是这样,这惨痛的教训应该让市场中的每一个人都永远铭记在心。

有的人会说:"我做的是小本生意,用不着那么多的领导,凡事自己说了算,领导机构与我何干?"

如果你真的抱有这样的想法,那就太危险了。拿破仑曾说:"不想当元帅的士兵不是好士兵。"如果你真的不想把生意做大,永远停留在混口饭吃、小打小闹的地步的话,那么你的经营观念、经营能力都将是十分可悲的。

众所周知,小本生意的抗风险能力是极低的,必须仰人鼻息,看别人脸色行事,市场中稍有风吹草动,就很可能人仰马翻,再也无法翻身了。

尽管大公司面对的风险同样不可小视,但至少是在大风大浪中才有翻船的可能,而面对市场中的小风小浪,一般总是如履平地,有惊无险的。

生意做大了,不仅能给自己赚来更多的钱,还能更有力地提高自己的社会地位,更充分地实现自己的人生价值。所以,只要我们投身市场之中,就一定要摆脱弱者心理,努力使自己成为一名强者,并且还要更进一步,还要有成为"舵手"的野心和心理准备。

刚开始起步,公司的规模肯定是很小的,甚至只有三四个人,但这并不妨碍你组建领导机构的努力。即使只有三四个人,你也要精挑细选,要知道,这几个人在未来壮大起来的公司里,将会是领导机构的核心人物。

和自己的亲朋好友共事,一起来创业,这种愿望是好的,也是可行

的，但在这样做之前，你必须要考虑清楚，亲朋好友能不能对自己的事业提供帮助，能不能和自己同舟共济，共同把公司发展起来。

以家族的形式来组建公司，有其有利的一面，也有其不利的一面。

有利的一面是，在自己的心目中，觉得大家都是自己人，胳膊肘不外拐，话容易谈得拢，理应发展得更快一些。

不利的一面是，你常常会过多考虑血缘关系，而排斥了人才，使公司的领导机构混入大量平庸之辈，从而影响公司的发展。还有，更可怕的是，有时候亲兄弟争权夺利，干起仗来，反而比外人显得更加凶猛。

两相比较，我们觉得，在公司的领导机构里，最好不要大量吸收自己的亲朋好友。

还有一种组建公司的形式，就是实行股份制。在自己资金不充足的情况下，让别人入股，可以有效地吸收资金，使公司开创得更顺利一些。但这同时也包含着许多无法确定的危险，由于新公司的未来发展还很不确定，一旦面临暂时的困境，股东们就会要求抽回股份，使你雪上加霜，把你的公司置于死地。

为了安全起见，在公司立足未稳、抗风险能力还很低的情况下，最好先不要匆忙地实行股份制，待公司有了一定的基础之后，再实行股份制，要相对稳妥一些。

还有一种危险是，过分看重人才，在没有事先考察其人品的前提下，就在开创之初把与自己志趣相左的人招进领导机构里来。这样一来，你就不得不面临这样的困境：你们之间的争执与协调，不仅会错失不少发展的良机，而且还会使公司进退维谷。

因此，如果你决心组建一个公司，在商场竞争中激流勇进的话，那么你就一定要把自己摆放到"舵手"的位置上，然后再运用比较科学的手段，广泛提拔一批才华横溢的人才进入你的领导机构，形成一个以你为核心的坚强领导集体，才能确保你的事业乘风破浪，在任何艰难险阻面前都勇往直前。

2. 具有超前的决策意识

市场人士必须具有政治家的眼光和军事家的谋略，胸怀全局，放眼世界，才能牢牢掌握主动权，使公司永远能够把握先机，获取财富，同时又能及时地回避市场风险。

要想使自己的公司发展起来，把自己的事业越做越好，就必须高瞻远瞩，在别人还没有发现机会之前，就已经慧眼独具地采取了行动，收获了胜利的果实。

任何一个在市场竞争中呼风唤雨的人都不是随波逐流、盲目跟随别人的人，他们都毫无例外地具有超前决策的意识，从而使他们所采取的每一次行动都有效地回避了风险，获取了最大限度的收益。

市场风云瞬息万变，就如天气的阴晴变化一样令人难以捉摸，要想完全准确地做出预测是十分困难的。但在市场中跌打滚爬的商人们并没有被吓倒，他们凭借自己的天赋和智慧，洞察世事，进行全面的预测，努力使自己的预测符合实际，从而为自己的决策提供依据。

法国学者H.儒佛尔曾深刻地指出："没有预测活动，就没有决策的自由。"为了使自己的公司少走弯路，我们就必须努力做好预测，准确判断出市场未来的发展趋势。

市场人士必须具有政治家的眼光和军事家的谋略，胸怀全局，放眼世界，从长计议，才能进行正确的预测，并进而做出正确的决策。

只有进行了心平气和的全面预测，才能完全克服盲动的倾向，率领自己的公司一步一步稳扎稳打，展开有效的行动，取得可观的成果。

在进行预测的时候，决策者至少要全面考虑这样两个问题：一是市场

第一章 舵手：沉稳老辣，总揽全局

的吸引力，如果市场的需求量相当大，我们投入生产后，会供不应求，利润率与销售率节节攀高，那么市场的吸引力就相当大；二是要对自己公司的实力有一个正确的评估，从技术能力、生产能力到销售能力，都要做到心中有数，以免仓促上马，才发现自己的公司根本没有实力继续做下去，到那时候，想后悔都来不及了。

一个成功的企业家必须具备超越常人的敏感力、洞察力、远见力和应变力。敏感力能使你更快地抓住问题的实质，把企业塑造成一个科学规范、体系完备的现代化企业；洞察力能使你更快地察觉市场的点滴变化，制订出成功的经营策略；远见力能使你更快地提高管理现代化大企业的技能，推动公司的超常规发展；应变力能使你更快地化解市场风险，扫除公司发展道路上的一切障碍。

《孙子兵法》中说："知道者，上知天之道，下知地之理，内得其民之心，外知敌之情，阵则知八阵之经。"孙武认为这才是一个名副其实的"王者之将"。

可见，要想做到百战百胜，对决策者的个人素质要求是十分高的，只有知己知彼，对各方面的情况有深入了解，对自己所采取的各种行动后果有准确的预测，才能谋而后战，攻无不克，取得决定性的胜利。

李嘉诚号称香港首富，可大家知道吗？他在刚起步的时候，只是一个不名一文的推销员，他创办长江塑胶厂的时候，规模还非常小，业务还很难开展，面临着无法生存的艰难困境，那么他是怎么发展起来的呢？

归根到底，是他具有远见卓识，超前的决策意识使他永远走在了别人前面，当别人还没有发现市场机会的时候，他已经大胆地采取了行动。

当他得知利用塑胶原料制造的塑胶花在国外极为畅销时，他眼前顿时一亮，似乎看到了使公司走出困境的一条光明大道。

当时的香港人对塑胶花都知之甚少，市场前景还很不明朗，他已经准确预测出塑胶花的潜在市场需求，于是他当即决定，转产塑胶花。但一个难题就立刻摆在了他的面前，他的工厂里没有这方面的技术人才，谁也不知道应该怎么生产，怎么办？

他没有退缩，而是当机立断，立刻派人去意大利学习塑胶花的生产工艺，回来后马上组织生产。在很短的时间里，他的塑胶花就占领了香港市场，一炮打响，订单大量涌来，给他带来了可观的收益，他也因此获得了

一个美称:"塑胶花大王"。

他的工厂扩大了规模,由长江塑胶厂发展成了长江工业有限公司。

过了一段时间,众多商家看到香港的塑胶花市场异常火爆,都纷纷转产,使市场呈现出一派繁荣景象。但就在这派繁荣中,他异常敏锐地觉察到市场已经趋于饱和,塑胶花即将在不久的日子里逐渐凋谢,于是他又先人一步,采取了行动,向房地产业进军。

1964年,塑胶花市场因竞争过于激烈,而逐渐低靡下去,那些跟风而动的商家叫苦连天,不得不狠下心来,削减产量,但仍无法改变巨额亏损的厄运。

只有李嘉诚在笑,他赢了,赢得很漂亮,赢在他的超前的决策意识上。1971年长江地产有限公司正式成立,从此他又牢牢奠定了地产王国的基石。

像李嘉诚一样干得同样漂亮的还有号称"世界船王"的包玉刚。包玉刚于1955年投身船运业,当时正是世界船运史上的空前繁荣时期,船运公司为了赚取更多的利润,都不约而同地采取"单程包租"的方式,也就是临时租用,按照船只航行的里程来计算租金。如果客户想续租,或是有新的客户来求租,就可以灵活地随行就市,抬高租价。

包玉刚经过冷静思考,认为在表面繁荣的背后,潜藏着即将萧条的巨大市场风险,因此他毅然采取了另一种方式,将自己的船只以合约的方式,长期租给用船户,这样一来,租金就要低很多,但收益却十分稳定。

许多人都笑他傻,但他坚持自己的意见,不为所动,结果呢,最终正确的却是他。一年之后,船运业陷入萧条之中,他仍旧拥有稳定的租船收益,继续扩大船队规模,而其他船运公司却已陷入了严重的困境,为自己没有生意上门而忧心如焚,不得不削减船队的规模。

从市场竞争中的成功者和失败者身上,我们不难发现,超前的决策意识是怎样有效地改变了公司的现状,使公司永远能够把握先机,获取财富,同时又及时地回避了市场风险,让自己的事业历经市场风雨的考验,不断壮大,不断开拓崭新的市场空间。

3. 大局为重

　　如果达不到七成把握,绝对不要冒险出击。只有生存才是第一位的。以大局为重,就是以公司的生存与发展为重,就是站在时代的高度,进行全面的、科学的、前瞻性的分析和判断,然后再采取有效的行动。

　　在市场竞争中,有个大局问题。一个公司的领导必须具有大局意识,凡事从大处着想,从公司的未来发展考虑,才能采取正确的经营策略,使自己立于不败之地。

　　公司不管是大还是小,不管置身于生产领域还是奋战于流通领域,都会面临异常繁杂的事务,都必须处理数不胜数的业务。

　　面对着同样的市场环境,经营着相似的产品,有的公司会脱颖而出,成为这一领域的佼佼者,而有的公司却每况愈下,经营状况一天比一天恶化,甚至不得不宣告破产。

　　一边是高奏凯歌,奋力开拓,一边是砸碗卖铁,勉力支撑,这使我们不能不感慨市场竞争的残酷无情,但两相对比,从成功者的身上,我们不是会受到更深刻的启示吗?

　　我们发现,在这两种经营状况迥异的公司里,其总裁、董事长忙碌的程度往往是不相上下的。甚至还会出现这样有趣的现象:经营情况很差的公司,它的总裁、董事长常常夜不能寐,殚精竭虑地思考公司的发展前景;而业务蒸蒸日上的公司呢,虽然业务更加繁忙,但却都由各部门的经理们打理得停停当当,总裁、董事长反而显得十分轻松。

　　为何会出现这种不可思议的现象呢?这是因为作为一个公司的领军

人物,是必须要有举重若轻的非凡气魄的。并不是每一件事情都必须得由"老总"本人亲自拍板,一些日常事务是完全可以交给下属去办理的。

"老总"应该是思考大事的人,必须从具体的事务中脱身出来,站在更高的立场上,全面分析公司未来的发展趋势,准确评估当前的经营状况,善于从一派平和的气象中发现那些潜在的问题,并在问题扩大化之前,把它果断地处理好。

那些眉毛胡子一把抓的人,看起来也很忙,甚至忙得连上厕所的时间也没有,但效果往往是极差的。他们最大的问题是缺乏全局观念,东一头西一头地瞎抓,如没头的苍蝇,自己都不清楚这样做到底会带来什么具体的收益。

只有站在全局的高度,从大局出发,才能对公司的经营状况做出透彻的分析,并进而采取果断的行动,推出一系列令人目瞪口呆的重大举措,把公司不断推向新的胜利。

那么到底什么是公司的大局呢?说得简单点,一是公司的生存,二是公司的发展。

生存是第一位的,只有在市场中立住了脚,"活"了下来,才能使自己的公司进一步发展壮大。凡是与公司的生存密切相关的大问题,都是公司"老总"们考虑的重点。

在做出重大决策的时候,我们很有必要首先想一想,这样做会不会危及公司的生存。只有先使自己立于不败之地,才能向前更跨进一步,去考虑公司的发展壮大问题。

李嘉诚深有感触地说:"作为庞大企业集团的领导人,你一定要在企业内部打下一个坚实的基础,未攻之前,一定要先守,每一个政策的实施之前都必须做到这一点。当我着手进攻的时候,我要make sure有超过百分之一百的能力。"

不轻易冒险,是确保自己生存的前提条件。但这是不是说,我们就要墨守成规,什么大胆的尝试都不敢做了呢?显然不是的,既然公司必须发展,就必然会在未知的领域碰到一定的风险,我们还必须去迎接它、面对它。

这样的论述是不是显得有点矛盾呢?其实一点也不,在考虑发展的问题时,必须要以生存为基础,要反复权衡权衡,风险到底有多大,收益到

第一章 舵手：沉稳老辣，总揽全局

底有多大，如果自己有七成以上的把握，风险绝对大于收益，那么就要果断地采取行动。

当然，在行动之前，还必须对所要承受的风险有充分的估计，预先做好应对的准备，才会胸有成竹，从容不迫，把公司引向发展的坦途上去。

以大局为重，就是以公司的生存与发展为重，就是站在时代的高度，对本行业做全面的、前瞻性的、科学的分析和判断，就是在准确判断的基础上对公司进行大刀阔斧的改革，使公司更加适合发展的形势、竞争的市场和需求日益多样化的顾客。

20世纪80年代，在香港的英资集团陷入了全面的困境，以李嘉诚为代表的华资集团对英资集团发动了全面的收购战。

怡和集团是英资集团的核心公司，更是首当其冲，困难重重，成为华资集团收购的首选对象，使他们一夕数惊，忧心如焚。

在这危难关头，西门·凯瑟克出任怡和集团的主席，为了保住怡和庞大的产业，他站在全局的高度，对公司的业务进行了深入的考察，决定进行大胆的割舍，收缩防线，全力防御，以争取日后东山再起的机会。

他首先把集团的资产进行大规模的出售，以最大限度地减轻债务。他把海外业务全部砍掉，把电话公司的股份卖给了英国大东电报局，把港灯公司出售给了李嘉诚。

经过这番痛彻肺腑的大手术，怡和集团把身上的腐肌烂肉清除得干干净净，为死保集团的大本营奠定了良好的基础。

但还有一个更加严峻的问题令西门·凯瑟克无法轻松，就是其下属的置地公司问题。置地公司是怡和集团中举足轻重的一个大公司，一向与大本营互为依托，采取了互控对方股权的方式，使二者牢固地融为一体，一荣俱荣，一损俱损，同进同退，两相呼应。

在一般情况下这种策略是相当有效的，进可攻，退可守，效果显而易见，但在山雨欲来风满楼的非常时期，就显得十分麻烦了。因为集团已经元气大伤，自顾不暇，而置地公司也是股价低靡，已经成为华资集团收购的主要目标。

一旦华资集团取得了对置地公司的控股地位，就很可能会借助手中的股权，进而间接控制怡和集团，置怡和集团于死地。

西门·凯瑟克站在集团大局的利益上进行了全面考虑，最终下定了决心，然后他花费了大量的精力，把置地公司从怡和集团中分离出来，全面收缩防线，再集中财力物力，死保置地公司。

经过如此一番艰苦的努力，怡和集团终于顶住了李嘉诚等人的强硬收购压力，赢得了东山再起的资本。

无数成功的先例告诉我们，在做出重大决策之前，我们都应该站得更高一些，从全局的高度认真权衡、反复论证，看看这种决策是否有利于公司的生存与发展。如果答案是肯定的，那么再付诸实施，成功的把握就会更大一些，所承受的风险就会更小一些。

4. 身先士卒，以身作则

在企业中，领导做到了身先士卒、以身作则，就能更有效地把整个企业凝为一体，成为自己立足市场的最大根本。

公司的领导者不仅要有崇高的权威，向下属发号施令，组织好企业的生产和销售，而且还必须要有令人景仰的人格，一举一动都以身作则，任劳任怨，身先士卒，成为职员们效仿的对象和追求的榜样。

在电影中，我们常常看到这样的画面：在敌军阵地上，军官站在后边，声嘶力竭地命令士兵："给我上！"可是不管他用枪击毙了多少个临阵退缩者，也无法逼迫士兵们勇猛地去杀敌；而在我军阵地上，军官高喊一声："跟我上！"率先向敌人冲去，那么在他身后，就会有一大群战士勇敢地跟上。

"跟我上"远远强于"给我上"，这就是身先士卒的力量，这就是以身作则所带来的必然结果！

我们常说："榜样的力量是无穷的。"只有领导者先给下属树立一个光辉的榜样，整个企业才会逐渐形成一种积极向上、团结协作的良好风

第一章 舵手：沉稳老辣，总揽全局

气，焕发出无限的生机。

艾柯卡出任克莱斯勒汽车公司总裁的时候，公司的财务状况相当恶劣，已经到了入不敷出、即将破产的边缘。为了最大限度地节约资金，他果断下令把高级职员的薪金一律削减10%，并在公开场合向全体员工表示，在企业赢利之前，他只拿一美元的年薪。

年薪一美元，仅仅是象征性的，就相当于他白白为克莱斯勒公司打工。高级职员们全被震动了，他们削减部分薪金，也是在为公司做贡献，又有什么不能接受的呢？

而对于最低几级员工的薪金，他却宣布一分不减地照发，对此，公司的所有员工都深受感动，并由此迸发出了强烈的生产积极性。

在他以身作则的精神感召下，公司上下前所未有地团结起来，大家心往一处想，劲往一处使，都在为公司走出困境而奋斗不息。

对比一下我们身边那些亏损累累的大中型企业，我们是不是会产生无限的感慨呢？在这些企业里，经理、厂长拼命地挥金如土，出入酒店、宾馆，打着考察的招牌四处观光，又怎么能把全厂职工的心凝聚起来呢？

结果呢，企业越来越穷，职工怨声载道，"穷庙富方丈"的现象令人触目惊心。

对这样的企业领导，就要进行严厉的惩治，该撤职的撤职，该法办的法办，然后再选择那些具有责任感、使命感、敢于真抓实干的人走上领导岗位，只有这样才会使企业有重新崛起的一天。

对那些有意于市场竞争的弄潮儿来说，要想开创自己的事业，使自己稳居决策者的宝座，就必须从创业的那天开始，把身先士卒、以身作则的功课扎扎实实地做好。

有人也许会说，作为一个决策者，是必须把大量的时间和精力用于思考全局性的大事的，怎么可能事事处处都给员工做榜样呢？

这样的认识显然是一种曲解，身先士卒，以身作则，并不是要求你去做和员工一样的工作，而是更多地表现为一种精神感召、一种榜样激励。艾柯卡并没有亲临生产车间、满头大汗地亲自制造汽车零件，可他不照样把公司上下都带动起来了吗？

尤其是在创业之初，人手少，业务千头万绪，更是需要自己以身作则。如果能以良好的精神面貌、较高的工作效率给员工们树立一个好的榜

样,那么又何乐而不为呢?

仅仅满足于发号施令、居高临下地布置任务、近乎苛刻地挑剔员工是远远不够的,市场中的成功人士、优秀的企业家都非常重视以身作则、身先士卒的作用。他们凭着这种精神开始创业,又凭着这种精神把他们的事业推向前进。

王永庆是台湾地区首屈一指的大富豪,可是他的出身却十分贫穷。16岁那年,他东凑西借,好不容易借到了200元钱,在偏僻的小巷里租了一间不大的铺面,开始做米店生意。

开业之初,他的生意十分清淡,他思来想去,决定在服务质量上狠下功夫。

在当时的米店里,出售的大米都混有一些杂物,如米糠、砂粒、小石头等等,是晒稻、碾米过程中混进去的。他要求把米里的杂物全都拣干净,以此吸引顾客。

这可是一件很麻烦的工作,但他说干就干,亲自动手,精挑细选,比他自己吃米还要精心。他的最初的几个员工都是他的弟弟,在他的带动下,他们也干得十分起劲。

他还亲自送米上门,而这项服务在别的米店里是从来没有的。

他还更进一步,站在顾客的立场上,体谅顾客的难处,允许顾客赊账。

这样一来,他的生意明显好转,虽说所处位置不佳,但还是一天一天发展起来,接着他又开了一家碾米厂。

在他的碾米厂附近,还有一家日本人开的碾米厂,规模比他大得多。那家碾米厂每天下午6点就停工了,他却要一直干到晚上10点多,在产量上逐渐超过了日本人,利润也越来越大。

厂里尘屑四处乱飞,一天干下来,浑身都脏得难受。日本人每天都要去洗澡,共花三分钱,可他呢,连这三分钱都不舍得,他总是跑到水龙头底下,用凉水冲一下就行了。

他做得如此辛苦,如此努力,就是因为他知道自己输不起,自己必须以坚忍不拔的毅力取得成功。作为一个老板都能如此拼命苦干,员工们还有哪一个会偷懒呢?

创业难,守业更难,后来他发达了,拥有了世界上最大的塑胶企业,成了远近闻名的"世界塑胶大王",再也不用亲自去干那些又苦又累的活

了,可艰苦奋斗的作风却被他永远保持了下来,成了鼓舞企业士气、促进企业发展的强大的精神力量。

从王永庆的身上,我们感受到了一个成功企业家的巨大魅力。不管我们从事什么样的生产经营,不管我们置身于什么样的市场环境中,我们都应该做到身先士卒、以身作则,以便更有效地把整个企业都凝为一体,熔铸成光芒万丈的企业形象,成为自己立足市场的最大根本。

仅从个人角度来讲,如果我们做到了这一点,就会把高尚的人格充分展示给世人,使周围的每一个人都被深深折服。

强权、钱财可以征服人心一时,但高尚的人格却可以征服人心一世,声名远播,万古流芳。

因此,任何一个成功的企业家都是非常重视自己的个人修养的,正因为他们做到了身先士卒、以身作则,才使他们永远高高在上。

5. 处变不惊,心态良好

在市场竞争中,只有处变不惊,心态良好,使自己的头脑永远保持冷静,才能在困境面前迅速做出准确的判断,观察到别人未曾发现的情况,为自己找出一条生路。

人常说:"天有不测风云,人有旦夕祸福。"在日常生活中,我们经常面对许多难以预料的事情,既有意外的惊喜,让我们喜出望外,也有不可知的灾难,使我们肝胆俱碎。

就连号称"智绝"的诸葛亮也曾仰天长叹:"谋事在人,成事在天。"面对出乎预料的战争结局,他也只有徒唤奈何。

在战争中,在竞争中,当意外的好结果来到面前,会让人觉得这简直是上帝对我们的恩赐。但不幸的是,上帝的这种恩赐总是太少太少,而不

妙的情景总是如影随形，时时刻刻都会降临，让我们冒几身冷汗。

这就需要体现我们的领导才能和领导智慧了。既然意外情况出现了，作为一个领导，就必须让自己尽快地冷静下来，用良好的心态，以最快的速度，在极短的时间里，对新形势做出正确的判断，形成新的决策，并立即付诸实施，以扭转不利的局面。

只有处变不惊，心态良好，才能使自己的头脑永远保持冷静，才能在困境面前做出准确的判断，观察到别人未曾发现的情况，为自己找到一条生路。

古人形容将帅风度时说："泰山崩于前，而色不变。"只有使自己的心态历练到了这种境界，才能把自己的事业做大，使自己在市场竞争中真正成为一个强者。

奔驰汽车公司是世界上第一流的大公司，在100多年的发展历程中，公司经历了无数不可预料的灾难，但都凭借他们良好的心态和运作市场的高超智慧，最终扭转了局面。

1997年8月31日，英国王妃戴安娜遭遇车祸而死，而她乘坐的恰恰是奔驰豪华轿车。在电视画面上，全世界的观众都看到奔驰车被撞成了一堆散架的废铁，车的气囊也没有全部弹出，然而被撞击的石柱却未受损伤。

这条轰动世界的新闻对英国王室是一场灾难，对奔驰公司来说，同样也是一场深重的灾难。这将严重影响奔驰车的声誉，如果应对不当，就会在今后的几年间大大降低奔驰车在全球的销量。

不出所料，奔驰公司的竞争对手抓住了这千载难逢的时机，把攻击的矛头直接瞄准了奔驰车。

瑞典名车沃尔沃（VOLVO）尽管在品牌和质量上都无法与奔驰相媲美，但其澳门分销商还是率先出马，在澳门日报上打出了很有煽动性的广告："世上没有任何东西比自己的生命更具价值和值得珍惜，因为没有生命，一切都会随风而逝……"他们别有用心地表示："VOLVO汽车向热爱和平及推动人道精神的威尔斯王妃戴安娜致敬。"这则广告的用意十分明显，是在向世人宣布：假如戴安娜乘坐的是VOLVO，而不是奔驰，就很可能不会丧生；在安全性能上，VOLVO是优于奔驰的，因此要购买汽车，还是选择VOLVO吧。

在竞争对手咄咄逼人的攻势面前，全世界的人们都在注视着奔驰公

第一章 舵手：沉稳老辣，总揽全局

司，希望看到它拿出高明的应对之策，然而奔驰公司却出人意料地保持了沉默。

不久又有人宣布，愿出资100万美元购买戴安娜奔驰车的残骸，并向全世界展览。这是在向奔驰公司公开挑战了，但奔驰公司却照样不为所动。

有消息称戴安娜王妃死于谋杀，奔驰公司发言人却仅仅笼统地表示："这是一场灾难性的车祸。"

奔驰公司不动声色，在挑战面前处变不惊，表面上看是被动挨打，落在下风，其实却正表现了公司的深谋远虑。VOLVO澳门分销商虽说一举成名，但借助灾难含沙射影、打击同行，这一行径却是很不道德的，这则广告一经刊出，就引起舆论大哗，招致世界各地的广泛指责。

瑞典沃尔沃车总厂当机立断，出面表明自己的立场，也公开指责自己的澳门经销商此举"不道德"，完全否定了这则广告，与澳商划清界限，以图挽回影响。VOLVO乘人之危，本想坐收渔人之利，谁知却偷鸡不成反蚀了把米。

奔驰公司不动声色，在惊涛险浪面前岿然不动，却又一次大获全胜，赢得了人心。

在不断变化的市场面前，永远保持心态的平稳，是成功的市场人士的一大法宝。奔驰公司之所以历经一百多年的风风雨雨屹立不倒，稳居汽车王国的帝座，就是因为公司的核心领导具有良好的心理素质，在任何时候都表现出了难得的将帅风范。

香港恒生银行曾经于1965年遭过毁灭性的打击，当年2月，在银行门口，市民天天排着长队，纷纷前来提取他们的存款。与此同时，有关恒生银行的各种不利传言到处传播，更使人心惶惶，挤兑风波日益扩大化。

总经理何善衡处变不惊，派出银行的大批职员去向市民解释、劝说，以稳定市民的情绪。他还别出心裁地在银行大堂堆起一大堆钞票，以向世人表明银行有充足的资金来应付眼前的危机。同时他四处奔走，多方求援，以筹措更多的资金，力保银行的局势。

但即使这样，挤兑的风波仍是一浪高过一浪，银行时刻面临着破产的危险。何善衡不得不做出了痛苦的决定，把银行的大多数股权转让给汇丰银行。

在汇丰银行的强力支持下，挤兑风波终告平息。何善衡把银行从生死边缘挽救了回来，为日后的飞速发展奠定了良好的基础。

只有保持良好的心态，才能不计得失，忍辱负重，在市场中进退自如，才能坦然面对市场的风风雨雨，处变不惊地坐稳优秀领导者的宝座，把公司从一个又一个险境中带出来，迎来一次又一次光辉的日出。

6. 用实力傲视群雄

实力是最重要的。对个人来说，实力意味着在公司内部牢不可破的地位、发号施令的权力和至高无上的威望；对企业来说，实力意味着在市场竞争中远近传播的声誉、无坚不摧的优势和发展壮大的坚强基石。

在激烈竞争的商场中搏杀，突破重重包围，打下一片自己的领地，是很不容易的，需要拥有强大的实力。

没有实力，就会被人嗤之以鼻，就会被别人轻易地击倒，就会把好不容易得到的市场拱手让给他人。

就是在本公司内部，如果缺乏足够的实力，仅仅因为血缘关系而登上了领导人的宝座，也是很难在这个位子上长久地坐下去的。经营不善，指挥不当，应对失策，都会被下属们瞧不起，都会被别有用心的人所利用，伺机夺去你的权势。

实力是最重要的。对个人来说，实力意味着在公司内部牢不可破的地位、发号施令的权力和至高无上的威望；对企业来说，实力意味着在市场竞争中远近传播的声誉、无坚不摧的优势和发展壮大的坚强基石。

要想在企业里当好领导，就必须使自己也具有这些品质、个性和能力，也就是说，要修炼内功，增强内力。

反复学习，提高自己的修养；多接触德高望重的成功者，吸取他们的

经验和教训；在市场中不断磨炼，不断总结，深刻反省，使自己变得日益成熟。所有这些，都是必不可少的，都能为自己的实力增添不小的砝码。

美国学者凯兹于1955年提出成功商人所必备的三种能力，得到了人们的普遍认同。在他看来，这三种能力应该是技术能力、概念性能力和交际能力。

所谓的技术能力，是指人们在进行商业活动中所运用的一系列方法、程序、过程的知识和能力。只有具备了这些能力，商人才能有效地对部属进行训练，指导部属完成工作，高效率地解决经营活动中所面对的难题。这是一种实实在在的能力，可以通过正规的专业学习和业余的自我进修来获得。

所谓的概念性能力，是指分析问题、思考问题，将复杂的关系概念化，准确判断事物发展的趋势，有创意地解决问题的能力。只有具备了这种能力，商人才能有效地做出计划、制订政策，组织协调公司内外的各种关系，根据市场的变化及时调整公司的经营策略，为公司确定切实可行的发展目标。

所谓的交际能力，是指与同事、下属、外界人士进行沟通和交流的能力，包括对别人言行后面所隐藏的动机的高度敏感、能言善辩地说服别人、左右逢源地建立广泛合作的关系，等等。只有具备了这种能力，商人才能知人善任，把形形色色的员工组织起来，如鱼得水地与各色人等打交道，以自己的人格魅力赢得别人的敬重和爱戴。

公司的前程被自己的实力左右着，事业的辉煌被自己的实力决定着，因此狠下功夫，苦练内力，是每一个有志于市场竞争的强者都不可忽视的。

对一个公司来说，实力一般是指现有的经济实力和产品的市场竞争力，但又绝对不能忽视员工的素质、公司的信誉和技术创新的能力等方面，它们构成了公司发展壮大的巨大潜力，也应成为公司实力的重要组成部分。

实力的强弱都是相对的，常常是比上不足比下有余，如果把公司的潜力充分挖掘了出来，那么公司就会不断壮大，市场竞争力就会不断增强，实力也就会随之不断雄厚。

现在的奔驰汽车公司曾经在历史上有两大源头，分别是奔驰汽车厂和

戴姆勒汽车厂，它们分别由汽车的两大发明人本茨和戴姆勒所创建，都位于德国境内。

第一次世界大战结束，经济危机接连爆发，在汽车市场上，美国福特公司异军突起，直接打进了德国市场，德国这两家最早的汽车公司面临着严峻的生存考验。

为了避免在竞争中斗得两败俱伤，同时也为了壮大自己的实力，共同应对福特车的攻势，奔驰汽车厂和戴姆勒汽车厂于1926年6月正式合并，成立了戴姆勒—奔驰汽车公司，总部设在德国的斯图加特，主要生产轿车、载重汽车、专用汽车、客车等。

这时戴姆勒已经去世，本茨也已是82岁高龄的老人了。

戴姆勒—奔驰汽车公司的徽标是三叉星，象征人类在天空、海洋和陆地都能自由奔驰的美好理想，是原戴姆勒公司的标志。

奔驰车的全称叫"梅赛德斯·奔驰（Mercedes Benz）"，简称"奔驰"，它始终保持自己的风格，遵循两条设计原则：一是在同一时期生产的所有车型系列都按照规定的轮廓和相似的细节来设计基本部件，以便于用户区分和鉴别，他们称此为"横向共同件"；二是力求与过去的车辆设计具有一定的连贯性，在原有车型的基础上安装设计好的基本部件，形成新车，他们称此为"纵向亲缘性"。

公司决心"走在时代尖端和尽善尽美"，生产出了一系列质量上乘、久享盛誉的奔驰汽车，成为世界车坛当之无愧的明星。在许多人眼里，奔驰车就等同于高级车、豪华车，因为它的乘坐舒适性是世界公认的第一流，当然价格也是世界公认的第一流。

大半个世纪之后，1998年春天，奔驰公司再度推出重大举措，与美国克莱斯勒汽车公司正式合并，组建了戴姆勒—克莱斯勒公司，极大地提高了双方的产品竞争力，使公司的实力得到了空前的提升。

奔驰公司是德国两大汽车公司之一，凭借优势品牌，在国际汽车市场上呼风唤雨。在许多国家里，奔驰高级轿车被当作国务礼宾车，知名度非常高；克莱斯勒公司是美国第三大汽车公司，技术力量相当雄厚，在美国三大车系中，它被列入中高档车之列。

两公司合并，造成强者更强的有利局面。奔驰汽车可以名正言顺地进入美国市场，克莱斯勒汽车可以借助奔驰的庞大销售网络，在日后统一的

大欧洲市场纵横驰骋。两家公司还可以将双方的技术优势结合起来，有效降低成本，追求更高的档次和质量，更合理地配置资金和劳动力资源，从而在市场竞争中立于不败之地。

这样的超级汽车公司，以它拥有的雄厚资金、超强的技术力量、庞大的销售网络，将对世界汽车生产格局产生重大的影响。

2002年公司的盈利能力显著提高，营业利润达到了58亿欧元，是前一年营业利润的四倍。在年度新闻发布会上，首席执行官尤尔根·施伦普说："鉴于全球经济形势，我们对2002年的业绩基本上感到满意，这是实现持续性盈利能力的重要一步。"

在市场竞争中通过各种行之有效的方式，使自己逐渐由弱变强，实力不断壮大，竞争力不断增强，最终就能一跃而成本行业高高在上、当之无愧的领导者，傲视群雄，雄霸天下。

第二章 团队：组织严密，进退一致

　　企业中的每一个成员都是名副其实的战士，他们紧密团结在领导周围，既单兵作战，独立完成各自所担负的任务，又团结战斗，进行军团式的大规模行动。

　　现代化的大企业也是由一个个具体的员工组成的。要想在市场中具有更强的战斗力和竞争力，就必须制订出一套科学有效的管理机制和激励机制，把员工们训练成组织严密、进退一致，既分工负责又团结合作的"战士"。

　　通过各种途径，广揽人才，汰弱留强，是保持企业活力的强有力手段，是决定事业前途的最根本保证，市场人士对此必须要有深刻的认识。

 1. 科学的内部管理机制

在现代化的大企业内部，一定要形成一套科学有效的管理机制，使公司能够时刻保持正常、高效的运转，才能对市场的任何变化永远保持高度的敏锐，采取一致的行动，快速、准确地做出反应。

松下电器公司是世界上赫赫有名的大企业，有人向松下幸之助请教他是如何管理公司的，如何在不景气的市场环境中，避免企业倒闭的厄运。他回答说，在不同的成长阶段，必须要有不同的经营策略，决定公司适当的规模，企业才能更长久地生存。

对领导者的角色调整，他用了一段十分形象的话来描述："当公司员工有一百名、一千名、一万名时，我所选取的态度是不同的。有一百名时，我站在最前面引导大家；有一千名时，我站在中间；当员工达到一万名时，我则站在最后面。"

他的意思是说：在公司的初创阶段，员工人数比较少，领导者就必须承担大量的事务性工作，以身作则，带领大家一起埋头苦干，并用"命令"的方式直接指挥大家去完成工作；当员工增加到一千多人，领导者就不大可能事必躬亲、鞠躬尽瘁、死而后已了，必须建立起逐层负责、逐级授权的管理体制，领导者就要站在中间扮演分工、协调的角色，对员工的态度要由原来的"命令"改变为"请求"；如果公司的规模进一步增大，员工人数达到了上万人，领导者就要站在最后，向所有的员工都合十礼拜，表达自己的敬意，以"感谢"的方式鼓舞士气，把众多的员工凝为一体，共同去完成一系列复杂而艰巨的工作。

科学的内部管理机制对一个企业来说，是维持正常经营的前提条件。

很难想象,各行其是、一盘散沙的企业怎能在市场中立足,又怎能取得应有的收益?

在一个现代化的大企业内部,一定要形成一套科学有效的管理机制,使公司能够时刻保持正常、高效的运转,才能对市场的任何变化都保持高度的敏锐,快速、准确地做出反应,使自己永远掌握主动权。

上令下达、下情上达,确保公司上层和基层的密切联系,对公司内部的潜在问题时刻给予关注,才能防患于未然,确保整个公司机体的健康。

如果发现有些部门的领导自以为是,各行其是,甚至居功自傲,功高镇主,公然与老板分庭抗礼,造成了公司的分裂,严重干扰了公司的正常秩序,那么就必须采取断然措施,将这些"害群之马"尽力清除干净。

日本伊藤洋货行把饮食业的奇才岸信一雄招聘进来,委以重任,推动了公司业务的飞速发展,尤其是饮食部门,在他的直接领导下,更是取得了非凡的业绩,在短短十年时间里,业绩就激增数十倍,令业内人士震动不已。

但随着公司业务的不断发展,岸信一雄却与公司董事长伊藤雅俊的分歧越来越严重。伊藤雅俊是一个传统型的商人,他强调诚信为本、顾客至上,要求公司以严密的组织形式来保证经营的顺利进行;但岸信一雄却恰恰相反,他个性粗犷,行事豪爽,对部下比较放纵,更注重于开拓市场,大胆扩张。

两人的分歧越来越严重,以至于到了水火不容的地步。岸信一雄有超人一等的业绩做后盾,显得越来越强硬,对伊藤的批评和指责不屑一顾,我行我素,俨然成了公司里的一个独立王国。

伊藤再也无法容忍了,就狠下心来,将岸信一雄断然解雇了。对于人们的非议,伊藤辩解说:"纪律和秩序是我的企业的生命,不守纪律的人一定要处以重罚,即使会因此减低战斗力也在所不惜。"

这番话是很有见地的,任何企业都必须以纪律和秩序作为基础,才能确保正常的经营,才能凝聚成强大的力量,战胜一切艰难险阻,才能团结奋进,以不可阻挡之势,不断开发新产品,开拓新市场,让企业走向更加辉煌的明天。

如果企业内部出现几个岸信一雄式的人物,那么对企业的负面影响必将是十分久远的。将这样的人物清除出去,是正确的、及时的,也是可以

理解的。但是由于这样的人物确曾对企业做出过卓越的贡献，因此在进行这种处罚的时候，一定要慎之又慎。

伊藤解雇岸信一雄，就曾招致过相当强烈的批评，被人指责为滥杀功臣、容不下人才，似乎他成了小肚鸡肠、心狠手辣的暴君。可见，要想避免这样的事情发生，就应该事先制订一系列科学的规章制度，确保公司的正常秩序，使全体员工和部门领导既各负其责又互相合作，具有较强的凝聚力。

对于那些确有才能、能够独当一面的部门领导，在对他们给予足够信任、让他们把才能尽量发挥出来的同时，还要对他们的权限和责任给予一定的约束，并用规章制度的形式体现出来。

如果已经发展到了伊藤洋货行的那种局面，作为老板，就必须早下决心，及早除去对企业构成严重威胁的心腹大患，以免矛盾进一步发展下去，给企业带来更严重的灾难。

在企业管理中，执行纪律是非常必要的，能够有效地警戒偶犯错误的人，震慑别有用心的人，把企业炼成坚不可摧的铜墙铁壁，确保商业运营的正常秩序。

合肥美菱集团董事长张巨声一再强调："管理无小事。"他明确指出："大清律例上有：官员玩忽职守者，斩立决；官员赌博、寻花问柳者，斩立决。封建社会的先人尚有如此高的思想觉悟，现在一些企业领导的所作所为实在令人不齿。"

对这样的害群之马，张巨声认为是必须要执行严格的纪律的，只有将他们清除了，才能保证整个队伍的纯洁和健康。为此，他给自己的家人立下十分严厉的规矩：亲、朋、妻、子都不能到厂里上班，家里任何人都无权拿厂里一张电冰箱票。己先正，才能正人，他要以身作则，给全厂树立表率。

张巨声在厂里全面推行"目标成本管理"，通过科学核算，给所有规格的电冰箱制订出切实可行的目标成本：工厂车间作为成本中心，设计、采购、制作、质量、管理、销售、材料等项费用由工厂车间承担，其他费用则分配到相关部门。

在实施的过程中，全厂上下都明确了自己的责任：超过标准，受罚；节约下来的，有奖。他把"目标成本管理"抓得卓有成效，警戒了铺张浪费者,震慑了挥霍公物者,确保了企业效益的不断提高。全厂上下增强了凝聚力,生产秩序严明有序。

科学的内部管理机制是现代企业管理的重要内容,只有根据自己企业的具体情况,逐步建立、并进一步完善它,才能使自己的企业组织严密,进退一致,具有强大的战斗力,在市场竞争中无往而不胜。

2. 责任明确,各负其责

不同的岗位意味着不同的责任,每个员工都必须有很强的责任感,切实负起责任来,把自己分内的工作做好。在这个过程中,企业领导的带头作用也显得十分关键,只有这样,整个企业才会有光明的前途。

每个企业的事务都是十分繁杂的,根本不可能由某一个人一肩挑起,必须分配给许许多多的员工,每人分别完成一定的工作,承担一定的责任,这是人所共知的事实。

美国学者韦伯斯特说:"人们在一起可以做出单位一个人所不能做出的事业,智慧、双手、力量结合在一起,几乎是万能的。"

远古时期的刀耕火种社会,尚且需要分工,才能完成狩猎和播种的重任,更何况到了今天飞速发展的现代社会。当今社会就如同一架高速运转的巨型机器,每一个人只不过是这架机器上的一颗小小螺丝钉,不论在何时何地,我们都会感到个人力量太渺小。只有团结起来,组织起来,我们才会拥有强大的力量。

在一个企业内部,也同样如此。小企业也会有几个、几十个员工,大型企业则往往达到数万人,甚至更多。这么多的员工占据着不同的岗位,完成着各自的工作,企业才能正常地运转,经营活动才能顺利地进行。

不同的岗位意味着不同的责任,每个员工都必须有很强的责任感,切实负起责任来,把自己分内的工作做好。一好变百好,好上加好,整个企业才会有光明的前途。

在企业内部,实施明确的分工,就能使每一个员工都明白无误地了解到自己所负的责任。在几乎所有的商业活动中,都离不了三种工作,那就是采购、销售和财务。只有采购员把价廉物美的原材料采购来,销售员把公司的产品最大限度地推销出去,财务员把公司的账目管理得清清楚楚,公司才会有健康发展的强大动力。

"沃尔玛"是美国最大的百货连锁店,它的老板罗佰森·沃尔顿在2001年的全球大富豪排行榜上,首次超过了比尔·盖茨,以453亿英镑的家产成为世界首富。

沃尔顿对员工的管理十分严格,他制订了完善的规章制度,要求他的所有员工,都必须尽职尽责地完成自己分内的工作。

他所有的连锁店都实行着一条被称为"太阳下山"的工作原则,其具体要求是当天的事情必须要在太阳下山之前完成。只要顾客提出了某项要求,每一个员工都必须在太阳下山之前给予令顾客满意的答复。

这条原则被我们表述为分工负责、按时完成本职工作,但在我们这里的一些商店里,却一直贯彻得很不理想。"沃尔玛"的生意之所以兴旺发达,就是因为它的每一个员工都身体力行地做到了这一点。

夜半时分,商店已经关了门,但只要有顾客打来电话求购某件商品,员工必定立刻驾车出发,把商品送到顾客的手中。

沃尔顿还独树一帜地提出了"十英尺态度"的要求,他要求他的每一个员工,当顾客走到距自己十英尺的范围时,必须注视着顾客的眼睛,主动询问顾客需要哪方面的帮助。

"十英尺态度"的贯彻执行,使每一个顾客都在"沃尔玛"店里感受到了春风般的温暖,享受到了体贴入微的周到服务。

常去"沃尔玛"连锁店的顾客还发现一个有趣的现象,就是店里的员工经常会狂热地大声喊叫:"谁是第一?顾客!"

这同样是沃尔顿对员工提出的一项具体要求,要求员工们齐声大喊,不仅是为了让"顾客至上、分工负责"的观念更深入人心,同时也是为了使员工在紧张工作的过程中,能有一个放松自己的时刻,使自己的精神振

奋起来。

就这样,每个员工都在自己的岗位上,切实负起自己的责任来;"沃尔玛"连锁店的生意一派兴旺,沃尔顿的财富也随之逐日增多。

恒基伟业公司是我国一家很有规模的高科技公司,其拳头产品"商务通"投入市场后,获得了非凡的销售业绩。公司的知名度空前提高,规模迅速扩大,在市场竞争中迅速崛起。

公司的发展之所以如此迅速,与公司汇集了一大批专业人才是息息相关的。在工作中,这些人才各自承担着不同的职责,互相配合,互相支持,凝聚成一体。"众人拾柴火焰高",集中了大家的智慧和力量,公司就获得了坚强的助推力,高速度地启航了。

董事长张征宇是个博士,具有极其先进的技术思路,高瞻远瞩,独辟蹊径,带领公司很快闯出了一条新路;常务副总裁孙陶然对策划业务十分精通,"商务通"之所以会在很短的时间里就取得非凡的销售业绩,是与他的精心部署、巧妙构思分不开的;范坤芳和赵明明是专管销售的两个副总经理,一样的出类拔萃,曾经有过主持同类产品开拓市场的优良纪录,他们又一次大显身手,就给"商务通"插上了飞翔的翅膀,纵横市场,无敌天下。

有如此一大批高科技人才的分工负责,恒基伟业怎能不一举成功呢?常务副总裁孙陶然说得好:"如果从节省成本的角度来考虑,企业并不一定需要这么一个豪华阵容,但我们的看法不是这样,我们就是要用牛刀杀鸡。"

在"商务通"定型之前,他们对屏幕的大小、手写笔的长度、字体的精度、硬翻页码的使用、自动查充功能、候选区保留等诸多项目都进行了大量的统计分析和实际操作。

为使更多的人都能方便地应用,他们还别出心裁地请来一些从没使用过电脑,甚至连字都不大会写的人来试用,然后再根据试用结果进行多次精心修改,使产品尽量达到完美的程度。正是由于这个原因,"商务通"才能迅速地占领市场,受到了各个阶层人们的普遍欢迎。

"商务通"研制成功后,他们并不急于把它推入市场,而是在耐心地等待机会。在他们之前,第一个推出VCD的厂家却反而陷入困境,受制于人,这给了他们深刻的启示。过了几个月,当他们认定手机市场的巨额增

长为"商务通"提供了难得的机遇时,才果断地把产品推了出去,果然一炮打响,短短两个月,就红透了中华大地,销售业绩十分喜人。

与此同时,他们还对代理商的选择制订了相当严格的标准。代理商必须向他们提供令人满意的营销方案,才有资格去销售他们的产品。

所有这一系列工作,都是在公司全体员工各负其责的情况下,高质量地完成的。公司中没有一个闲人,所有的职员都是能独当一面、独立完成某一方面工作的高手,他们如此完美地组合在一起,八仙过海各显神通,把产品开发、公司运营、市场销售的各个环节都考虑得滴水不露,安排得有条不紊,才做到了一战成功,在最佳的时机,用最短的时间,以最好的技术和产品,神速地占领了市场,他们的成功留给我们多少有益的启示啊。

做到责任明确、各负其责,是十分重要的,在这方面,企业的领导必须起到良好的带头作用。只有领导做到了责任明确,才能使下属切实负起自己的责任,把分内的工作干好。

玫琳凯·艾施是美国玫琳凯化妆品公司的创办人和董事长,她有一个很好的习惯,总要在下班前整理好自己的办公桌,并把当天应该完成而事实上却没有做完的工作带回家去完成。她的秘书们也都养成了这一习惯,尽管她并没有要求他们这样去做。

从领导到员工,只要每个人都明确了自己的责任,切实负起了自己的责任,经营业绩就会不断提高,企业就会得到飞速的发展。

3. 互相配合,协同作战

成功的商家不仅要招聘大批的部属来为自己效力,还要想方设法与合作伙伴、与其他企业联合起来,进行广泛的合作,才能使自己在市场竞争中拥有更广阔的活动空间。

现代社会是个广泛合作的社会，随着社会分工的越来越细，合作的广度和深度也相应地不断提高。各门学科、各行各业都会涌现一大批人才，这些人才只有团结在一起，才能共同做出一番大事业。

我们都有这样的体会，当自己思考问题的时候，常常会钻进牛角尖，苦苦思索却找不到完满的答案，但如果与几个朋友一起商量，集思广益，就会思路大开，找到各种不同的途径，更完满地把问题解决好。

在市场中搏杀的企业家们对此深有体会。任何一个企业都不是单凭一己之力就可以运作成功的，商家不仅要招聘大批的部属来为自己效力，还要想方设法与合作伙伴、与其他企业联合起来，进行广泛的合作，才能使自己在市场竞争中拥有更广阔的活动空间。

在美国纽约的一条街道上，并排出现了两家廉价商店，一家叫作"纽约廉价商店"，另一家叫作"美国廉价商店"。正应了"同行是冤家"这句老话，这两家商店出售的商品极其相似，售价也同等便宜，于是免不了进行生意上的竞争。

他们常常把完全一样的商品摆在商店门口，相互压价，来吸引顾客。顾客们都很高兴，他们可以通过比较来选取更便宜的商品。

两家商店的老板关系十分紧张，他们经常站在商店门口，互相大声责骂，有时甚至会发展到拳打脚踢。很少有顾客前去劝解，他们幸灾乐祸地认为，只要这两家的竞争持续下去，他们就会买到更多价廉物美的商品。

突然有一天，这两家商店同时关门了，两个老板神奇地同时失踪了。新房主走进店里，吃惊地发现，这两家商店竟用一条密道连在一起，两个店老板的卧室竟也有一扇门相通。

原来这两个店老板竟是一对亲兄弟，他们相互配合，协同作战，故意上演了一幕幕"鹬蚌相争"的好戏，吸引了顾客们的关注，使自己悄悄发了大财。

在每一次降价竞争中，最后的胜利者趁机把自己兄弟没有卖出的商品全都处理掉了。顾客们还满心欢喜，以为自己占了大便宜，事实上却中了这对兄弟的诡计。

这对兄弟在经营中配合得多巧妙啊，不正是一对诱人上当的"托儿"吗？可怜顾客们上了大当，还浑然不觉呢。

在德国有一家服装店，店主是德鲁比克兄弟，哥哥每天都站在店门口

招揽顾客,弟弟则在店内热情地向顾客介绍商品。

有个顾客看中了一件衣服,问弟弟价钱是多少,弟弟就向远处的哥哥询问,哥哥回答说是72元。弟弟的耳朵有点不大好使,竟对顾客说成42元。

不巧的是,哥哥的耳朵也有点聋,没有及时给予纠正。顾客听了,心里十分高兴,终于拣了个便宜,当下就付了42元钱,拿起衣服赶快离去。

这对"聋"兄弟就这样卖出了一件又一件衣服,顾客们欢天喜地,以为自己得到了实惠,光顾了一次又一次,小店的生意一直很红火。顾客们没有想到的是,这对兄弟一点都不聋,他们是在有意装傻,相互配合,以优惠的价格和高质量的商品,让顾客得到心理上的满足,刺激他们的购买欲望。

在市场经营中,谁是自己的朋友,谁是自己的敌人,这可是个十分关键的问题。能和自己站在同一战壕,并肩作战,共同经历困境的磨炼,共同分享胜利的喜悦,这才是自己同甘共苦的合作伙伴。

但这样的合作伙伴是很难遇到的,美国有一句流传甚广的名言:"在市场中没有永远的朋友,也没有永远的敌人,只有永远的利益。"

为了"永远的利益",昔日的竞争对手有可能走到一起,结成合作关系;为了"永远的利益",原先的合作伙伴也可能分道扬镳,变成你死我活的竞争对手。朋友和敌人都不是永恒的,因此你在与别人进行商业合作的时候,千万一定要慎重,对合作伙伴的人品、信誉、实力都要进行全面了解,并签订可靠的协议,明确约定双方的合作关系及所拥有的权利与责任,才能进行正式的合作。

在选择合作伙伴时,一定要根据自己企业的现状和发展规划来做决定,千万不要因为别人的非议和反对,就轻易放弃,白白葬送大好时机。

20世纪80年代,美国通用汽车公司在日本汽车的咄咄攻势面前,连连败北,以每年数亿元的巨额亏损,描述着惨不忍睹的困境。1981年1月,罗杰·史密斯出任公司的第十任总裁,摆在他面前的形势是十分严峻的,以丰田汽车为首,五十铃、三菱、马自达、本田等日本著名汽车品牌以不可阻挡之势,正席卷着美国大地。

罗杰·史密斯对汽车市场做了调查,发现日本汽车之所以连连获胜,就在于他们的成本低廉。美国汽车厂家的劳动力成本要远远高于日本,平均每小时要高于对方8美元之多。日本汽车价廉物美,当然要在汽车市场

上无敌于天下了。

要想与日本汽车竞争，就必须降低劳动力的成本，这在美国却很不现实，会遭到美国汽车工人联合会强有力的反对，并招致极其严重的后果。

罗杰·史密斯思前想后，突然脑中灵光一闪，发现了一个以往从没有想过的问题：既然不能把日本汽车当作敌人来抗拒，那么为什么不能把他们当作商业伙伴来合作呢？

一想到这里，他就如梦初醒，发现自己已经找到一条带领公司走出困境的捷径了。1982年底，通用汽车公司与日本丰田汽车公司成功地实现了联营，建立了新联合汽车制造厂，1985年2月，联营厂生产出了雪佛莱·瓦斯汽车，成功投入市场。

罗杰·史密斯的决策虽说是十分正确的，但在当时的美国汽车厂家看来却大逆不道，他们把他当作美国汽车行业的叛徒，进行公开的指责。罗杰·史密斯始终不为所动，继续与日本汽车厂家进行密切合作，终于使公司扭亏为盈，逐步走出了困境，在他上任的头三年，就为公司净赚50亿美元。

通用汽车公司逐渐强大起来，他又制订了一个十分庞大的计划，打算拨款70亿美元，研制一种全新的汽车，为最终击败日本汽车做好准备。

可见，到了一定阶段，再亲密的合作伙伴，都会变成竞争对手，在市场上兵戎相见。对这一点，我们在与对方合作的同时，一定要心里有数，早做防备，避免遭遇不测下场。

4. 广揽人才，知人善任

广揽人才，知人善任，使自己的企业成为智慧和才能的高聚集区，产品的开发力度就会不断增强，市场竞争力和经济效益就会不断提高，企业的发展就会一日千里。

人才在市场竞争中是至关重要的，谁拥有了更多的人才，谁就具有了更大的优势，能率先开发出新产品，掌握新技术，以全新的理念使公司始终保持良性运转，在任何时候都能领先一步，成为本行业的佼佼者。

千军易得，一将难求。播信义于广大员工，集智慧于各类人才，这是一个企业安身立命的根本保证，是开疆拓土、发展壮大的最强有力的武器。

刘鸿生是我国近代史上的著名民族企业家，在战火纷飞的乱世，他呕心沥血，创办了庞大的家族企业，虽历经波折，但还是取得了显赫的成功。

他是十分重视招揽人才的，在他的企业中，经理、厂长、工程师一级的人才工资都在300元以上，有的甚至高达上千元，这在当时的工商企业中是十分罕见的。为了激发人才的工作积极性，他还常常给予他们额外的重酬，希望他们能够更死心塌地地为自己的企业效力。

他一再强调："要把适当的人，放在适当的位置上。"不管是什么人，只要有一技之长，他都乐于招揽。好人有好人的用处，坏人有坏人的用处，全才有全才的用处，偏才有偏才的用处，不求全责备，就能让人才的能力充分发挥出来。

广揽人才，知人善任，对人才使用得当，就能使企业在市场竞争中保持领先的优势；反之，如果忽视了对人才的使用，企业就必将遭受严重的失败。

美国福特汽车公司成立于1903年，总裁亨利·福特任命卓越的汽车天才詹姆斯·库茨恩担任总经理，开发出了T型汽车，在汽车市场纵横驰骋，所向无敌，到1919年就把众多的竞争对手吞并下来，以雄厚的实力独自垄断了汽车市场。

福特成为了亿万富翁，变得不可一世，喜欢独断专行，致使大批身怀绝技的人才无法立足，纷纷弃他而去，就连头号功臣库茨恩也不能幸免，抱恨而去。结果，众叛亲离，江河日下，在竞争对手的强大攻势面前，福特公司连连败北，到了1940年，市场占有率仅仅剩下了18.9%，显得十分凄惨。

1943年，年轻的福特二世从爷爷手里接过了公司的大权，成为公司的新总裁。面对着异常危难的局势，他采取了断然的措施，从通用汽车公司

请来奇才奥尔斯特·布里奇，进行大刀阔斧的改革。1946年，改革举措刚刚实施一年，就收到了明显的成效，公司成功地实现了扭亏为盈。

"野马"牌汽车的研制成功，更为公司的发展插上了翅膀。销售奇才艾柯卡连出妙招，使"野马"汽车在全世界掀起了一股抢购的狂潮，第一年就销出了419万辆，在随后的几年里，更保持着旺盛的销售势头。福特汽车公司以令人吃惊的速度，神奇般地东山再起。

然而好景不长，福特二世又开始重犯爷爷当年的错误，他在1960年将头号功臣布里奇解雇，许多当初为他立下过汗马功劳的人才紧跟着绝望离去。到了1978年，他又对功绩卓著的艾柯卡心存疑忌，将他一脚踢开。于是公司又重新走上了老福特当年的道路，江河日下，一落千丈，到了1981年，市场占有率竟创出了历史最低纪录，仅剩下16.6%。

福特二世回天无术，只好于1980年3月将公司转让给管理专家菲利普·卡德威尔，从此，延续了77年之久的"福特王朝"彻底结束。1982年，福特二世正式宣告退休，他再也不是老板，不是雇员，不过还拥有公司40%的股权，见证着他昔日的辉煌。

天才般的卡德威尔大显身手，重新使公司焕发了青春，又一次在汽车市场神奇般地崛起，市场占有率仅次于通用汽车公司。

这三起三落的巨大变化，描述出了一个无可置疑的真理：人才，只有人才，才是决定竞争胜负的关键因素，能重用人才、知人善任的，就将在竞争中胜出；反之，惨败的厄运就会在前面等着你。

泰国的AC集团在我国改革开放之际，就毅然进军中国市场，它果敢的行动，得到了我国高层领导的极大关注。公司总裁谢国民有幸得到了邓小平的接见，使公司在我国赢得了很高的声誉。

AC集团在沈阳市打出了"人才本地化"的响亮口号，大张旗鼓地为自己招揽人才。

在人才招聘会上，公司详细开列了所需人才的一系列条件。沈阳市有167名副处级干部参加了应聘，经过英语考试，有80%的人惨遭淘汰，剩下的30名幸运者又必须面对一场别开生面的面试，结果仅有19人成为佼佼者，脱颖而出。

广泛招揽人才，使自己的企业成为智慧和才能的高聚集区，产品的开发力度就会不断增强，市场竞争力和经济效益就会不断提高，企业的发展

就会一日千里。

日本电通公司董事长吉田秀雄曾说:"任何企业要想有一番作为,首先必须注意的就是使用人才。假使人才经营得当,企业就能正常运作,获利率就会相对提高。"

他是这样说的,也是这样做的。不管何时何地,他都把广揽人才作为一项十分重要的工作来做,即使那些人才身上带有一些弱点、拥有一些不可理喻的特殊癖好,只要他们确实具有真才实干,他都毫不在意地把他们一个一个招揽到自己手下。

洛克希德公司总裁霍华德·休斯也是一个知人善任的英明领导,他能够从无数普普通通的应聘者中把人才挑选出来,根据他们的特长,委以重任,让他们更充分地发挥自己的作用。

大学毕业生帕玛刚到公司工作不久,就被休斯慧眼识英才,提拔他担任了公司独挑大梁的飞机设计师。帕玛深受感动,把自己的全部才能都发挥了出来,在这个重要的工作岗位上做出了非凡的业绩。

对人才必须要有正确的认识,不能错误地认为学识过人就是人才,也不能误认为人才样样工作都能拿得起、放得下。把人才放到不恰当的位置上,对人才就是一种浪费。

千里马只有在独自奔驰的时候,才能显现出他的出众才能;而把它放在与普通马一样的位置上,吃一样的草料,走一样的路,它的卓越才能又怎么能显现出来呢?

广揽人才是相当重要的,但知人善任就显得更加重要。要挑选合适的人才,让他们去担负与他们才能相符的工作,他们的才能就会得到最大限度的发挥。

巴斯夫公司的经验值得我们借鉴。每一个初来乍到的员工都要受到多名高级经理的接见,他们的才能都被了解得十分清楚,然后再被推荐到合适的岗位上任职。他们的工作环境和安全设施都是第一流的,为员工充分发挥自己的才能提供了保证。

公司高层管理人员还会定期、不定期地对员工进行考核,广泛地进行接触,以便更充分地发现他们的才能,给予他们更合适的任用。

做到了广揽人才,知人善任,企业的发展就得到了强有力的保证,事业的成功就是指日可待的事情了。

第二章 团队：组织严密，进退一致

5. 有效的激励机制

奖勤罚懒的激励机制在企业内部必须有效地确立起来，用各种物质的、精神的手段，对做出业绩者给予表彰和鼓励，对毫无建树甚至造成较大失误的人给予批评和处罚，就能在企业中形成人人争先的良好局面。

索尼公司董事长盛田昭夫不仅在招揽人才上有一套独特的办法，而且还在公司内部建立了一系列别出心裁的制度，对人才进行有效的激励，促使他们更充分地发挥自己的才能。

在公司每星期出版的小报上，允许各下属单位刊登"求人广告"，也允许员工发布自己的"求职广告"，公司职员可在所有单位之间自由应聘，任何人都无权干涉。公司内部的人才流动，为人才更好地发挥自己的特长提供了广阔的舞台。

与此相反的是，我们常常看到一些企业不惜重金请来人才，但却不能合理地使用，把他们安置在不恰当的位置上，挫伤了他们工作的积极性；还有一些领导，虽对人才十分重视，并给予了他们恰当的位置和权限，但却对他们很不放心，时时刻刻都想过问一番、干预一下，自以为是对他们的关心和爱护，却反而束缚了他们的手脚，使他们无法大显身手。

建立有效的激励机制，对一个企业来说，是相当重要的。人人都有追求成功的心理需求，不管是那些身怀绝技的人才，还是普普通通的员工，这种心理需求都是相当旺盛的。用制度的形式给予他们这种机会，他们潜在的创造才能就会被极大地激发出来，做出连他们自己都会吃惊的业绩。

虽说人的才能有大有小，但我们必须承认，每个人都是有特长的，

只不过由于各式各样的原因，许多人的特长甚至是才能都被忽视了、埋没了，这是十分可惜的事情，很可能他们自己都没有意识到。但只要确立一套有效的激励机制，把机会提供给他们，他们的特长和才能就会在一瞬间显示出来。

有效的激励机制主要体现在奖勤罚懒上，用各种物质的、精神的手段，对做出业绩者给予表彰和鼓励，对毫无建树甚至造成较大失误的人给予批评和处罚，就能在企业内部形成人人争先的良好局面。

英国维珍集团是一个闻名世界的大企业，在全球26个国家开办了200多家公司，员工达到2.5万余人。集团广泛涉足饮食、旅游、航空、金融、饮料、婚纱礼服等各个领域，在世界上产生了广泛的影响。

维珍集团的创办者是理查·布兰森，从26岁退学创办《学生》杂志开始，他在商场纵横一生，一手把维珍集团发展壮大，现在他已拥有了30亿美元的庞大家产，成为英国首屈一指的大富豪。

他的公司虽说十分庞大，员工人数众多，但因为他匠心独具，精心运作，创建了一套行之有效的内部激励机制，所以使公司始终焕发着无尽的生机，保持着平稳而正常的运转。

更令人称绝的是，他独树一帜，别出心裁，首创了"把你的点子说出来"的创意机制，用来鼓励员工献计献策，为集团的发展出主意、想办法。

一般大公司的老板都不愿自己的电话让员工知道，以免员工找上门来给自己带来不必要的麻烦。但布兰森却偏偏反其道而行之，他把自己的直线电话公开，让每一个员工都知道，只要员工想到了什么好办法，就可以以最快的速度传递给他。

接员工的电话虽说占用了他不少时间，但他乐此不疲，因为他从这些电话中确实得到了不少有用的主意，为他的决策提供了不少的帮助。

他还非常愿意和员工们直接对话，听取他们的意见和建议。但公司实在太大了，要把员工一个一个辨认下来，都是一件很难的事情，更别说抽出时间来和他们一个一个地交谈了，怎么办呢？

他又想出了另一个办法，建立了另一套激励机制。他的公司每年都要举行一个宴会周，只要员工想出了好点子，都可以报名来参加宴会。他的宴会周盛况空前，最多的一次就达到了3500余人。

第二章 团队：组织严密，进退一致

集团的高级领导和他本人都亲自参加宴会，在宴会进行的过程中，每一个员工都可以直接走到他面前，向他献出自己的点子。

他觉得这还不够，于是又亲自下令，要求每个部门都要建立一套完整的制度，鼓励员工为企业的发展献计献策，并且还要保证把这些点子以最快的速度上传到他那里。

在他的要求下，集团的每个常务董事都在当地餐厅常年预留了八个空位子，不管是哪个员工，只要他想出了一个点子，就可以申请和常务董事一起共进午餐。

他还一再要求各部门的经理向员工们征集好点子、好建议、好构思，以供他决策之用。

通过这一系列科学有效的内部激励机制，他和员工们得到了经常性的沟通，整个集团达到了空前的团结，确保他在经营中采取更有效、更灵活的策略，促进了企业的全面发展。

给员工创造成功的机会，让员工时时刻刻都有一个明确的奋斗目标，就能极大地焕发员工的工作热情，做出更加突出的成绩。为正食品连锁店是日本的一家饮食企业，总经理贩冢正兵卫提出了"人人有店，就会卖力工作"的口号，大张旗鼓地实施"分号制度"。

他的做法是这样的，只要员工卖力工作，给店里做出了突出的贡献，他就会出资给这位员工开一家分店，让这位员工当上老板。

结果，员工的工作积极性空前高涨，都在为成为老板而不懈努力。分店接二连三地开起来了，连锁店的规模越来越大，经营效益也成倍地增加。

世界著名发行人克坦司深深懂得如何激励下属，每当下属要向他请示重大问题时，他总是借故离开，而且离开的时间还相当长，少则十天半月，多则几个月。等到他回来的时候，他欣喜地发现，所有的问题都已经圆满解决了。

他用这种方式告诉自己的下属：你们都是能够自行解决问题的，你们有能力成为独当一面的人才，我把充足的时间和充分的自由交给你们，你们可不能让我失望啊。

下属们领会了他的言外之意，就会竭尽所能，把问题解决好，把满意的结果交给他。

这同样是一种有效的激励，虽说没有明白无误的表露，但一切尽在不言中。还有什么能比充分的信任更令人感动的呢？这不是最强烈的激励，又是什么呢？

当然，作为老板，克坦司并非"甩手掌柜"，什么事都不管，公司的重大决策还是由他做出的，只有那些他认为完全应该由下属处理的问题，他才坚决撒手不管，让下属自行决定应该怎么做。

经过这样的磨炼，下属们的工作能力得到了极大的增强，他们能够独立地处理许多重大问题，逐渐成为经营的高手、公司的支柱。

确立了有效的激励机制，就能充分调动起公司员工工作的积极性和创造性，更大限度地发挥各自的特长和才能，为企业的发展做出更突出的贡献。

 ## 6. 汰弱留强，保持活力

在企业内部，也要不断地淘汰弱者，补充强者，以确保企业具有较强的进取心和旺盛的斗志，显示出无限的活力，在市场竞争中奋发图强，大踏步地前进。

在一个企业内部，有的人工作能力较弱，往往花费数倍于别人的时间却还是做不好分内的事情；有的人年事已高，再也不像年轻时那样敢想敢做，暮气沉沉，工作毫无起色；有的人做出过成绩，就骄傲自满了，再也不努力了，工作出现了严重的倒退，并对其他员工产生极为消极的影响……

如此等等，对这些能力较弱、表现较差的员工，应该怎么处理呢？答案只有一个：坚决给予淘汰，以确保企业永远生机勃勃，奋发图强，有较强的进取心和旺盛的斗志。

第二章 团队：组织严密，进退一致

也许有人会说，这样做是不是太残忍了呢？人的能力有大有小，总不能让那些能力弱的人都去饿死吧；再说，这些人没有功劳还有苦劳，总该给他们一条生路吧。

有这种想法的人只能是令人尊敬的慈善家，但却绝对成不了优秀的企业家。试想一下，如果把这样的弱者长期保留在企业内部，影响了一些事务性的工作还不算什么，严重的是将会极大地涣散所有员工的斗志，使大家误认为"干好干坏一个样"，谁也不肯拼了命地去努力，企业的发展和进步岂不成了一句空话？

一些亏损累累的国有企业之所以陷入困境，改革起来又举步维艰，是与吃惯了几十年的"大锅饭"大有关系的。"干好干坏一个样"的现实会滋长大家的惰性心理，使大家都逐渐消沉下去，变成不思进取的弱者。

松下幸之助是日本松下电器公司的创办者，也是日本最著名的工商业巨头，享有"经营之神"的美誉。

82岁那年，他做出了一个重大决定，由他的儿子松下正治接任董事长，再把名不见经传的山下俊彦提升为总经理。

在公司26位董事名单中，山下俊彦排在倒数第二的位置。就是这样一个普普通通的董事，却能够出人意料地连续跃过前面的24名董事，甚至还包括德高望重的常务董事、专务董事和4位副总经理，一步登天，这到底是怎么一回事？难道松下幸之助老糊涂了？

松下对此的解释是，公司就要迎来创业60周年大庆的日子了，必须实现公司领导机构的年轻化，而山下俊彦只有57岁，正是年富力强、敢想敢干的时候。

松下对山下俊彦的才能也是十分欣赏的。10多年前，总公司下属的西部电器公司陷入困境，亏损累累，经营停顿，工人罢工，令人束手无策。山下俊彦到了那里，很快就解决了问题，而且没要总公司投入一分钱。人才难得啊，松下早就想把山下俊彦放到更重要的位置了，而现在正是时候。

松下早已敏锐地察觉公司内部存在一系列潜在问题，利润在下滑，机构运转不够灵活，公司领导层却仍是稳坐泰山，自以为天下太平。

松下希望山下俊彦能以大无畏的气魄，正视这些问题，带领公司改变原有的精神面貌，走上快速发展的道路。松下决定从此正式退休，把经营

大权完全交给山下俊彦。

山下俊彦果然没有辜负松下的期望,他对公司的各部门进行了全面的调整,组织各部门通力合作,完成了一系列在常人看来不容易完成的重大改革。

他当了5年总经理,公司的营业额就由原来的143万亿元跃升为234万亿元,使松下电器公司重新焕发了青春,再一次成为人们关注的焦点。

对企业中不称职的人,必须给予淘汰,只有他们把位置腾出来,真正愿意干事业的人才能有用武之地。

红星食品厂的销售状况出奇的好,门前常常排着长队,提货的车辆堵塞了交通,给过往行人带来了极大的不便。就在这时,一个消息在排队的人群中传开了,都说厂里的销售科科长出于私人交情,竟将五十吨紧俏食品批发给了一个个体商贩,使供不应求的状况更趋严重。

这一情况反馈给了厂长,厂长当即决定撤销销售科科长的职务,并将这一决定张榜公布,以安定人心。

厂里有人对这一处理很不理解,认为反正现在销售势头如此强劲,何必痛下杀手,用如此重的手段来处理自己人,去安抚那些排队等候的小商贩呢?

厂长听了,严肃地说:"那些商贩虽小,但却是咱们的衣食父母,伤了他们的心,今天这种局面就会成为历史。只有善待他们,咱们的企业才能永保活力。"

在宣布处理决定的同时,厂长还承诺立刻更新生产线,扩大生产,以满足消费者的需要。这些决定一出,很快受到了大家的欢迎,厂里的所有产品都被抢购一空,良好的销售势头继续保持了下去。

假如把一个企业比作一个健康的人体的话,那么它的活力就要靠不断补充新鲜血液来保证。何为新鲜血液呢?就是那些富有朝气、才能出众、敢想敢干的人才和闯将。

美国报业大王威廉·拉道夫·赫斯特是非常注重对人才的争夺的,在与报业巨子、《纽约世界报》总裁普利策的激烈竞争中,他就是通过"挖墙脚"的办法,把《纽约世界报》的人才全部挖到自己这边来,才完全击垮了对方,取得了竞争的胜利。

他决心把自己的《纽约日报》发展壮大,因此不惜付出高薪的诱饵,

第二章 团队：组织严密，进退一致

把《纽约世界报》的著名漫画家、著名剧评家等一批重要人物相继请入自己的阵营。此招得手，他变得更加明目张胆，索性把自己的报社搬入《纽约世界报》的大本营，与普利策的人马在同一座写字楼办公，摆出了公开叫阵的态势。

有一天，普利策走进自己的办公室，突然吃惊地发现，整个办公室空无一人，原来他的全部人马都被赫斯特用高薪挖走了。他气急败坏，难道能这样让自己的报社垮台吗？他立刻找到自己的原部属，给他们许诺更高的薪金，又把他们全部请了回来。

但还没等他稳住心神，第二天，他发现自己的部属又全部叛变了自己。原来赫斯特又付出了远远高于他的薪金，金钱能使鬼推磨，他的报社片刻之间就面临众叛亲离的困境。

普利策没有办法，只好用高薪从别的报社挖来了几个人才，来勉强维持报社的运营。原《太阳报》主编布拉斯本被高薪请到了《纽约世界报》，这家摇摇欲坠的报社在他的全力支撑下，又一次焕发了生机。

赫斯特闻讯，岂肯罢休，又使出老办法，用高薪把布拉斯本也挖了去，把自己刚刚创办的《纽约晚报》交给他来主编。

到了这种地步，普利策再也拿不出一点好办法，只好甘拜下风，任由赫斯特在报界纵横驰骋，八面威风。

弱者去了，强者来了，企业就会显示出无限的活力，在市场竞争中新招迭出，推陈出新，大踏步地前进。

第三章 阵地：稳守地盘，图谋发展

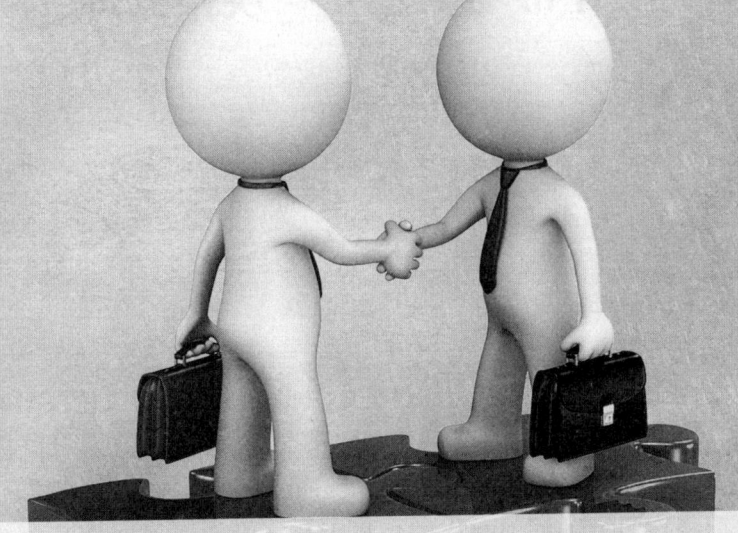

　　一个企业要想在市场竞争中立足，并取得进一步的发展，是必须先从自己最熟悉的行业做起，创出自己的品牌，打下一定的基础，然后再向别的领域扩张。

　　在经营的过程中，一定要注意把握主动权，机动灵活地采取行动，在别人无法预料的方向出击，演绎一出白手打天下的神话。要有强烈的危机意识和忧患意识，防微杜渐，因势利导，让自己的企业在发展的过程中走得更安全、更久远。

1. 在市场上建立一块根据地

商家为自己在市场上建立一块根据地，就能得到原料的充足供应、合作伙伴的有力支持和客户的普遍信任，成为自己生存的基础、扩张的基石，因此商家一定要进行全力经营，确保它的稳固，使它成为自己的坚强后方。

毛泽东在领导中国革命的过程中，提出了"创建红色根据地"的光辉思想，一个个苏维埃政权先后建立起来，在全国形成了多处红色割据，逐渐壮大，发展成强大的革命势力，最终取得了解放全中国的伟大胜利。

市场竞争就如同血与火的战场厮杀，没有根据地是万万不行的。所谓的根据地，就是自己在某一行业所占据的优势地位，得到原料的充足保证、合作伙伴的有力支持和客户的普遍信任。

在自己的根据地里，企业的发展具有很强的后劲，企业进退自如，左右逢源，是自己生存的基础、扩张的基石，商家一定要对此给予高度重视，进行全力经营，确保它的稳固，使它成为自己的坚强后方。

在市场中，行业是千差万别、五花八门的，为自己选定一个极有潜力的行业，进行全力经营，发展成一定的规模和气候，成为自己在市场中的一个立足点，这是每个商家在初涉商场的时候所必须经历的第一步。这一步走成功了，也就意味着自己的根据地确立起来了，事业的进一步发展才有了基础。

这"第一步"是很不好走的，往往要经历失败的考验、痛苦的摸索，才能在付出较高的代价、做出较大的牺牲之后，在市场上把自己的根据地打下来。

第三章 阵地：稳守地盘，图谋发展

乔治·伊士曼用一生的精力创造了一个世界级的顶尖品牌"柯达（KODAK）"。他一生未曾结婚，把自己的全部精力和心血都用在了柯达相机、柯达胶卷的研制工作中，赢得了世人的广泛尊敬和爱戴。

他的童年生活是不幸的，由于父亲的早逝，他的家庭状况急转直下，14岁那年，就不得不到一家保险公司去做勤杂工，挣了钱交给母亲贴补家用，而自己则尽量省吃俭用。

过了20岁，他成人了，懂事了，有了更高的人生目标。他不想再干那些简单的体力活，而想学着别人的样子，也去发明几样东西，为自己在市场经营中打下一块根据地，以改善自己的生活条件，满足自己的人生愿望。

想法虽是十分美好的，但实施起来就很不容易了。他曾经费尽心机，发明了一种新型炉条，可令他失望的是，与此相类似的产品早已经问世了。

当时的照相机、显影设备相当笨重，而且还没有出现胶卷，使用的是玻璃光片，效果很差。他心中一动，觉得自己应该发明一种新型的简便照相机，使照相就像使用铅笔一样容易，随时随地都可以使用。

他立刻把全部精力和时间都投入到研制工作中，废寝忘食，夜以继日，半年多异常艰苦的奋战终于结出了硕果，一种效果很好的感光乳剂被他发明出来了。

他拿出自己的所有积蓄，与别人一起开了一家小厂，主要生产干式感光剂。一开始，他就为自己的经营确立了切实可行的原则：大批量生产，尽可能地降低销售价格，多进行广告宣传，努力把产品推向全国以至于全世界。

他的产品就这样迅速占领了市场，在市场上建立了一块稳固的根据地。

1886年，卷式感光胶卷被他发明出来了，结束了使用玻璃光片的历史。1888年，一种新型的小箱型照相机在他的手中诞生了，他为这种相机取了个"柯达"的名称，仅仅这一年，他就售出了1.3万架照相机，这在别人心目中梦寐以求的事情，他轻而易举地就实现了。

从此，"柯达"的品牌享誉全球，稳稳占据了行业的龙头地位。

柯达相机不仅质量上乘，而且售价异常低廉，在顾客冲洗完胶卷之后，公司还会向顾客赠送一卷软片。顿时顾客盈门，每天公司门前都排着

长长的队伍。

1895年，袖珍型柯达相机问世，为了实现相机大众化的目标，他把售价仅仅定为5美元，更引得成千上万的顾客前来抢购，一举击败了所有的竞争对手。

他的广告也很是别出心裁，报纸、杂志、广告栏里到处都是"柯达小姐""柯达夫人"迷人的笑容。他的广告语很快就家喻户晓："你按一下按钮，其余的事就由我负责。"

他用自己的毕生心血，把这块根据地发展壮大，打造出了举世闻名的照相机帝国。到了晚年，他不幸患上了不治之症。1932年3月14日，他立下遗嘱，把自己的大部分财产赠给大学，以培养更多的优秀人才，然后举枪自杀，结束了自己光辉的一生。

乔治·伊士曼用了毕生的心血，在照相机市场开创了自己的根据地，并发展壮大，形成了庞大帝国，他的成功，对我们是有很强启示意义的。

在创立根据地之初，一定要多方考察，选择好自己将要涉足的行业。我们常说"男怕入错行，女怕嫁错郎"，市场经营也是如此，一旦选择了错误的行业，很可能会败得惨不忍睹，建立一块根据地的梦想也将变得遥遥无期。

无数经验告诉我们，在创业之初，最好先从自己最熟悉的行业做起，这样才会更得心应手，拥有更大的优势和更灵活的应变能力，更快地取得成功。

《佐贺报》是日本一家地方性报纸，在激烈的报业竞争中，报社历经一百余年，仍保持着旺盛的生命力，这与报社始终以诚相待、极重人情味有着密切的关系。

当地属于海洋性气候，一到下雨天，报纸就变得湿乎乎的。董事长认为把这样的报纸送给读者很不礼貌，于是他要求投递员在阴雨天气里，用塑料袋将每份报纸细心地包好，再送到每一个读者手里。

一只塑料袋虽小，却代表着报社的一片真诚之心，温暖着每一个读者，也赢得了人们的普遍赞赏，报纸发行量节节升高。

立足于一个行业，哪怕这行业是很不起眼、很微不足道的，但只要付出全部心血和无限赤诚来经营，就会得到广泛的支持，使自己的根据地变得坚如磐石。

　　多川博建立了自己的尼西奇公司，生产雨衣、游泳衣、防雨篷之类的产品，虽有一定的收益，但利润并不大。后来，他通过市场调研，发现了一个别人都忽视了的领域：婴儿尿布。在日本每年都有数百万婴儿降生，但日本的大小企业却对这个巨大的潜在市场视而不见，把大好的市场机会白白丢掉。

　　多川博立刻转产，还把自己的企业改名为"尼西奇尿布公司"，决心把这一事业发扬光大。他不断采用新材料、新技术、新设备，提出了"提高质量，增加品种"的口号，使自己的产品很快成为市场上的热门商品。

　　经过几十年的精心研制，他的尿布日益完美，无论是吸水力，还是透气性，都达到了前所未有的程度。他的产品不仅垄断了整个日本市场，而且还远销世界70多个国家。1978年日本天皇还特意授给他"蓝缓绶章"，以表彰他在这一领域的重大贡献，他也成为声名远播的"尿布大王"，开创了前所未有的事业。

　　小小的尿布竟然做成了大事业，谁还能说这样的根据地是微不足道的呢？这就提示我们，在创建根据地的过程中，千万不可盲目求大、急于求成，一定要立足于自己最熟悉的行业，努力做出成效，有了一定基础之后，再图谋向其他行业和领域发展。

　　许多世界级的大型企业就是这样一步步走过来的，学习他们的经验，脚踏实地，做好创建根据地的工作，对初涉市场的人来说，是个严峻的考验和挑战，但只要全力以赴，就一定能获得初战大捷。

 ## 2. 打出自己的品牌

　　品牌是什么？就是自己的拳头产品。拥有自己的拳头产品就如同狼拥有了锐利的狼牙一般，在市场上纵横驰骋，所向无敌。

到饭店里吃饭，一看菜谱，菜名都十分动听。虽说我们未必清楚它们到底是些什么东西，但由名字的华丽精致，就能联想到饭菜的色香味美，食欲会增加不少，浓重的文化氛围也会扑面而来。

比如竹笋炒猪排骨取名"步步高升"，发菜猪蹄取名"发财到手"，海蜇皮拌萝卜叫作"金声玉振"，鸡片炒鱿鱼叫作"游龙戏凤"，青菜上摆满冬菇，就成了"金钱满地"，咸鸭蛋、松花蛋、卤蛋、茶蛋拼摆一盘，就成了"丹凤朝阳"……名目繁多，令人眼花缭乱。

菜名尚且需要如此精心雕琢，使普通的菜肴在这些华丽名称的衬托下身价倍增，以一定的文化内涵和艺术品位来吸引顾客，那么对于一个企业来说，打出自己的品牌，就显得更为重要。

不少老板都在自己的公司名称上费尽心思，极力想使自己的名称既响亮，又与众不同。还有一些实力雄厚的大公司更是一掷千金，公开为自己的新产品征集名称，以便给众多的消费者留下极其深刻、极其美好的印象。他们深知，打出自己的响亮品牌，就等于在市场上为自己树立了一个光芒万丈的好形象，是自己占领市场、开拓市场的重要标志，是丝毫都不能马虎的。

招牌很重要，但品牌更重要。创造招牌容易，但创造品牌就要难上加难，就要付出大量的心血、智慧、汗水和金钱。

品牌是什么？就是自己的拳头产品。拥有自己的拳头产品，就可以在市场上纵横驰骋，所向无敌。

汽车发明的一大宗师戈特利勃·戴姆勒于1886年研制成功"戴姆勒一号车"，此后他又花费大量精力，对汽车做了许多改进。1889年他率先为他的汽车安装了四挡变速器，使汽车的性能更加优良。

1890年他开办了戴姆勒马达制造厂，专门从事新型汽车的设计和生产。虽说他的汽车在当时是首屈一指的，但却苦于一直没有一个响亮的名称，以便打出更加响亮的品牌。

1897年，戴姆勒汽车厂迎来了一个贵宾——奥匈帝国驻法国总领事埃米尔·叶理尼专程前来参观访问。

埃米尔·叶理尼看中了一辆凤凰车，当即买了下来。他对凤凰车的性能非常满意，经常开着它出行。他还有一个女儿，非常漂亮，是他的掌上明珠，因此他就用女儿的名字梅赛德斯·杰林克给这辆车命名，名车、美

第三章 阵地：稳守地盘，图谋发展

女就这样首次结合到了一起。

梅赛德斯在西班牙语里的意思是"幸福"，这个名字果然给这车带来了幸福，埃米尔·叶理尼驾驶此车参加了尼斯汽车拉力赛，经过激烈的角逐，竟然一举夺冠。他非常高兴，于1900年3月又向戴姆勒汽车厂订购三十辆同样的汽车，并提出要求，希望能给这些车取名"梅赛德斯"，并允许他向一些国家独家经销。

戴姆勒完全同意了这些要求，汽车很快生产出来，投入市场，出乎意料的是，这些车非常畅销，很快就销售一空，"梅赛德斯"名声大震。见到这种大好局面，戴姆勒决定把厂里生产的其他型号的汽车都一律更名为"梅赛德斯"，并正式登记注册，戴姆勒汽车厂就这样占领了汽车市场。

梅赛德斯轿车是一种新型高速轿车，它的问世，标志着汽车制造业的一个新阶段。在这个金光闪闪的品牌面前，汽车发明的另一大宗师卡尔·本茨迅速败下阵来，本茨无奈，只好去改产其他型号的货车。

这就是品牌的优势，高品质的产品与华丽、响亮的名称完美地结合在一起，形成了强大的冲击力，在市场上刮起一阵旋风，令自己的竞争对手们无力阻挡，望风披靡。

古时的将军招兵买马，都要首先打出自己的旗帜，现在的商家要想更快地占领市场，也要首先打出自己的响亮品牌。

苹果公司以生产举世闻名的苹果电脑而闻名于世，但我们可曾想过，"苹果"名称是如何与电脑这种高科技产品奇妙地结合在一起，在市场上打出了响亮的品牌的？

在此之前，高科技公司的取名多以创办者的姓氏命名，或者再加上"电子""技术""网络""信号"之类的名词，比较雷同，不太引人注目。

苹果公司创办人乔布斯一向对苹果情有独钟，他曾经患过一场痢疾，使他完全改变了过去的饮食习惯，一日三餐都吃起了素食，而且每天都坚持吃苹果。

公司创办起来了，电脑研制也取得了很大的进展，但公司的名称却迟迟定不下来。全体创办人员绞尽脑汁，想了很多名称，但都不尽如人意。乔布斯想到了自己最爱吃的苹果，他灵机一动，干脆以"苹果"来给公司命名吧，人们不是都说吃苹果的嗜好是亚当夏娃流传下来的吗，既包含有促人健康的意思，又具有一种亲切和谐的氛围，还显得很与众不同，能给人留下深刻的印象，多好的名称啊！

乔布斯的提议得到了大家的一致赞同，于是苹果电脑、苹果公司就这样诞生了，品质优良的苹果电脑很快打开了市场，成为消费者极其喜爱的著名电脑品牌。

优质的产品加上响亮的名称，就创造出了一个品牌，制造出轰轰烈烈的"名牌效应"，在"名牌效应"的推动下，自己的产品就可以畅通无阻地占领市场，取得令人注目的成功。

3. 时刻掌握主动权

商家只有紧紧跟随时代潮流，及时调整经营思路，以超前的意识做出明智的决策，才能使自己长久地拥有主动权，趋利避害，在新的领域不断取得新的胜利。

在商业运营中，如果能够领先一步，开发出一件新产品，那么就能保证自己把经营的主动权牢牢抓在手里，控制有利局面，保持垄断性的地位。市场价格由自己说了算，众多消费者趋之若鹜，把大把的金钱送上门来，让自己赚得钵满盆溢。

但这样的梦想是很不容易实现的，最初创业的时候势单力薄，摸不准行情，看不清路，总是跟着别人亦步亦趋，随波逐流，收益自然很低，难道就这样一直被动下去？

一时陷入被动局面是情有可原的，可怕的是有些人在不利的形势面前一味地怨天尤人，根本不去动脑筋想一想，怎么样才能改变这种局面，怎么样才能把握住自己航行的方向？

没有独立思考的大脑，没有高瞻远瞩的眼光，没有果敢坚决的行动，主动权就永远不可能握在自己的手中。

第三章 阵地：稳守地盘，图谋发展

主动权意味着过人一等的战略头脑，拥有主动权必然会带来辉煌的胜利。任何企业都是由小变大、由弱变强、由在市场中的被动地位而逐步占据了绝对的主动优势。当然这是需要一个艰苦的过程的，在这个过程中，重要的是商家要有积极主动的意识，努力去改变弱小的不利现状，使自己的经营变得更灵活、更有朝气，也更有成效。

第二次世界大战结束后，在日本出现了一家土木工程公司，名叫"间组建设公司"。在当时的日本，最具盛名的是鹿岛、清水、竹中、大成、大森等五大建筑公司，而间组建设公司的实力较弱、规模较小，与它们无法相提并论。

公司老板神部对此深感痛苦，每当他去和客户洽谈生意时，客户总要以怀疑的眼光对他打量半天，使他心里很不舒服。他明白，如果不能改变客户对公司的这种成见，那么公司在市场上就永远无法把握主动权，只能仰人鼻息，看人脸色，低三下四地求活，就连十拿九稳的生意都会被别人轻易地抢走。

于是他想出了一个办法，派人向日本各大报刊送去一大笔广告费，要求各大报刊在今后的报道中和广告中，都要把自己和那五大公司并列，统称为"六大建设公司"。

"六大建设公司"的广告很快刊登出来了，了解情况的人都对神部冷嘲热讽，但神部一概视而不见。过了不久，"六大建设公司"的宣传就造成了声势，使许多不明真相的人信以为真，把他的公司当作日本第一流的大型建设公司来看待了。

尽管在公司内部，有许多人对他这种自吹自擂的做法很是不安，但他的计谋还是取得了很好的效果，冲着"六大建设公司"的名声，越来越多的客户慕名而来。

神部要求公司的每一个员工，都要以高度的事业心和责任感，确保自己工作的万无一失，确保每一个客户高兴而来、满意而去。热情周到的服务使公司的声誉蒸蒸日上，生产规模逐渐发展起来，很快超过了一些比自己公司强大的其他公司。

三年过去了，间组建设公司已经相当强大，可以与那五大建设公司平起平坐、并驾齐驱了，成了名副其实的日本第六大建设公司，到了这个时候，就再也没有人敢对神部冷嘲热讽了。

神部就这样让公司掌握了主动权,从那些同等规模的公司中脱颖而出,直接与第一流的公司画上了等号。尽管他的广告宣传有欺骗之嫌,但他的出发点是好的,他的目的并不是制造假冒伪劣产品,而是想为自己争取更好的声誉,把命运完全把握在自己手中。

在被动的处境中主动地想办法,提高自己的知名度,改善自己的经营状况,商家就掌握住了经营的主动权。进一步发展下去,就会完全掌握自己的命运,成为屈指可数的大型企业,所获得的利润也会更加惊人。

唯我独尊,雄霸天下,这种理想局面是许多商家梦寐以求的,但必须要认识到,要走到这一步相当艰难,即使侥幸成功了,也很难保持不变。在世界上曾先后出现过钢铁大王、石油大王、塑胶大王等等,他们确曾在一定时期内垄断过市场,达到了"凡事自己说了算"的理想境界,但往往没过多久,就地位不保了,不是被后起之秀所打破,就是在政府强有力的干预下瓦解,垄断的梦想转眼成空。

天在变,地在变,时代在改变,只有紧跟时代潮流,及时地调整自己的经营思路,以超前的意识做出明智的决策,才能使自己长久拥有主动权,趋利避害,在新的领域不断取得新的胜利。

金·坎普·吉列是美国著名企业家,他的公司以生产男性剃须刀为主,在世界市场上占有相当庞大的份额,世界上约有一半的男人使用他的产品,使他赚得了丰厚利润。

可他的创业之路却很不顺利,他从16岁失学,开始走上社会谋生,一直到40岁为止,都在为别人打工,是一个四处奔波的小小推销员。

推销员的工作是十分辛苦的,不仅忙碌、劳累,而且还必须时刻看别人的脸色行事,这使他非常痛苦,一心想改变这种命运,把主动权掌握在自己手中,但怎么样才能做到这一点呢?他心里一点把握都没有。

后来他发现男人使用的剃须刀很不方便,就灵机一动,心想设计出一种很好使用的新型剃须刀,不就可以发笔大财,使自己能够按照自己的想法来生活了吗?

于是他立刻开始行动,在家里潜心研制,经过日夜努力,他的新型剃须刀终于发明成功了。1901年,他成立了自己的吉列公司,开始投入正式生产。

不料出师不利,一年的销售成果简直是惨不忍睹:1902年整整一年,

他仅仅售出51个刀架，168片刀片。为什么会这样呢？他的剃须刀质量上乘，比老式剃须刀强了何止百倍，问题到底出在哪里呢？

经过一番市场调查，他发现自己并没有完全弄懂市场规律，还不曾把经营的主动权完全掌握在自己手里：产品的宣传力度不够，许多人并不知道产品的优越性能；价格定得有些偏高，人们不愿意花如此高的价钱；还有，人们的习惯心理也很重要，对老式剃须刀的长期使用，使大家习惯成自然，不愿接受新生事物。

掌握了这些情况，他就断然采取了补救的措施：想方设法把产品的价格降下来，而且还免费向顾客赠送刀架，有了刀架，顾客自然会一再光顾，来长期购买他的刀片了；与此同时，他加大了产品的宣传，报刊杂志上、街头的广告栏里，到处都有吉列产品的广告踪影。

这样一来，顾客就纷纷上门，他的销售情况出现了可喜的转机，生意一派蒸蒸日上的良好势头。

第一次世界大战爆发了，对许多商家来说，战争都是毁灭性的灾难。但他却早已认识到掌握主动权的奥妙，通过自己的认真思考，他认为对自己更有利的商机来了。于是他马上与美国政府联系，提出自己愿意以特别优惠的价格，向美国士兵提供剃须刀。

为了在全世界人民面前树立美国军人的良好形象，美国政府向他订购了大量的剃须刀，发给每个士兵使用，他的销售情况更趋火爆。

战争结束了，美国士兵也已离不开他的剃须刀了，他的固定消费者每年都在增长，直到产品最终完全占领了美国市场。1931年他因病去世时，公司的资产已经达到创纪录的6000万美元，这是个多么大的奇迹啊！

在市场中立足一天，这一天中就会有无数机遇和考验来迎接我们，我们必须牢牢掌握经营的主动权，把企业的命运和事业的成功稳稳地抓在自己的手中。

4. 机动灵活，奇正互变

战争中包含着深刻的奇正互变思想，在市场竞争中同样融入了奇正互变的辩证法精髓。在人们普遍接受某一观点和措施的时候，却出人意料地采取了另一种观点和措施，机动灵活，真假难辨，效果就会出奇的好。

市场竞争如同行军作战，是特别讲究机动灵活的。当敌人误以为我方将在甲地发动进攻时，我方的进攻目标却偏偏定在了乙地；当敌人猜测我方将要采取行动时，我方却偏偏不动声色，毫无动静；当敌人松懈下来、认为我方不会进攻时，强大的攻势却悄无声息地展开了，如神兵天降，打得敌人措手不及。

真真假假，虚虚实实，令敌人防不胜防，这就是"奇正互变"的军事思想，是由我国古代杰出的军事家孙武在他的军事名著《孙子兵法》中最早提出来的。他要求"以正合，以奇胜"，认为"善出奇者，无穷如天地，不竭如江海"。

如果先发制人是"正"，那么迟人半步就是"奇"；如果正面进攻是"正"，那么声东击西、暗度陈仓就是"奇"；如果弱小者故意大张旗鼓、虚张声势是"正"，那么实力空虚者明目张胆地以空虚的面目示人、大演空城计就是"奇"。

在人们普遍接受某一观点和措施的时候，却出入意料地采取了另一种观点和措施，机动灵活，真假难辨，效果就会出奇的好。战争中包含着深刻的奇正互变思想，在市场竞争中同样融入了奇正互变的辩证法精髓。

把奇正互变的思想运用于市场竞争中，就能更加机动灵活地开展商业活动，使竞争对手无法摸清自己的底细，从而牢牢地掌握主动权，有效地击败对方。

刘銮雄是香港证券市场的风云人物，他的公司"爱美高"上市后，曾受到广泛的关注。当股价高涨之后，他把自己所持有的股份全部抛出，获利不菲，但也同时让他失去了公司董事局主席的职位。

半年后，股价大跌，他又将原有股份从容购回，重新坐到了董事局主席的宝座上，而在这一卖一买之间，他已有上千万港元的收益到手了。

他放出风声，说要收购能达公司，造出了很大的声势，并持有能达公司一定数量的股份，还扬言要派人进入能达公司董事局。能达公司慌了，急忙以高价在股市争抢股份，还愿意出巨资来收购他所持有的股份。

他见目的达到，于是见好就收，以高价将自己所持有股份转让给能达公司，自己大大赚了一把。

两年后，他故伎重施，把目光盯上了华置股份。华置股份是一家实力雄厚的大公司，比他的"爱美高"要强大得多，可他硬是摆出一副"蛇吞象"的姿态，要把华置股份一口吞下。

许多人都不相信他这是名副其实的收购行为，误认为他又在虚张声势，目的是在股市制造获利机会。谁料他竟通过私下交易，一举持有了华置35％的股份，成为华置的第一大股东，最终收购成功，使许多人大为震惊。

不久，他又开始了对中煤股份的吸纳，人们顿时猜疑起来：这次是真收购，还是假收购？真收购，就要投入二三十亿港元的巨资，而他是没有这么雄厚的实力的。但他偏偏做得不动声色，不间断地悄悄吸纳。

中煤公司坐不住了，急忙在股市中回购自己的股份，造成股价大涨。他笑了，把自己所持有的股份全部抛出，又获得了可观的收入。

刘銮雄对能达、华置、中煤的三次收购行动，就有真有假，真假难辨。当别人认为他是真收购的时候，他却虚晃一枪，获利就走；当别人认为他是假收购、意在套现的时候，他却真枪实干，收购成功。难怪人们感叹说："刘銮雄的过人之处，就在于不等到大幕落下，你不知道他要干什么。"

奇正互变的军事思想被他运用得如此纯熟，难怪他在证券市场上如鱼得水、战无不胜了。

让自己的头脑时刻充满奇思异想,出人意料地不断开展新的行动,人无我有,人有我创,人赶我转,就能时刻抢占先机,在市场竞争中独占鳌头。

日本松下公司不像世界上著名的大公司那样致力于产品的开发,他们认为做技术先驱所要付出的代价太大,因此他们选择了做技术追随者的明智做法。

松下公司很少发明新产品,他们宁愿花钱购买别人的专利,或是改进别人的产品,变成自己的产品,然后再以低价策略,占领市场。他们的做法与公认的做法背道而驰,可以算得上是"奇"了。

有一次他们研制出了"国民牌"R-31型收音机,不小心做了一回技术先驱,老板松下幸之助立刻下令部属把该产品视作竞争对手的产品,继续研制战胜它的新产品。过了不久,R48型、R10型、R11型等新产品就相继问世了。这又是一"奇",体现了奇正互变的思想在市场竞争中的灵活运用。

万通集团董事局主席冯仑对此也有深刻的理解,他反复强调"在变应变,守正出奇",希望"守正出奇"能成为万通集团的良好的价值观。他响亮地提出:"万通真的要成功,就是要真的'消灭'冯仑。这就需要我们创造一个制度,这个制度能够保证它做的事情比我做得更好。"

在"守正出奇"的思想指导下,万通集团进行了一系列的收购和控股,到1997年6月底,已经发展成为拥有数十亿人民币总资产的大公司。

"奇正互变"的思想在市场竞争中大有用武之地,但必须提醒大家注意的是,不管如何"出奇",都是万变不离其宗,千万不能忘了产品质量这个"宗",千万不能忘了顾客是上帝这个"宗"。否则的话,一味出奇招、出怪招,哗众取宠,丢了"守正",即使能得逞一时,也是无法在市场竞争中长久地稳操胜券的。

孙寅贵是中国第一台矿泉壶"百龙矿泉壶"的发明者和生产者,他曾经使用各种销售奇招、怪招,造出了很大的声势。按说他是很懂得"奇正互变"的思想的,但好景不长,他很快就在残酷的矿泉壶竞争中一败涂地。

事后,他写了一部《总裁的检讨》,对自己的经营内幕进行了披露,对经营策略的失误进行了深刻的总结。

第三章 阵地：稳守地盘，图谋发展

他曾指派下属提着"百龙矿泉壶"的包装盒招摇过市，以吸引公众的关注；他还曾派出大队人马扮作顾客，到各大商场去询问"百龙矿泉壶"的销售情况；他的一名下属为了证明百龙矿泉壶的神奇效果，居然做出了惊人的举动，当众将浑浊的黄浦江水倒入壶里，然后一饮而尽……

更奇的是，他还在北京电视台导演过一次"假征婚"活动，假借征婚的名义来宣传自己，这大概可以算作他的首创吧。后来此事的内幕被其下属透露出去，他顿时成了弄虚作假的高手，遭到了广泛的谴责，北京电视台大为恼怒，断然拒绝为"百龙矿泉壶"进行任何形式的报道和广告宣传，百龙矿泉壶从此一步一步陷入困境。

可见，过分追求出奇制胜，甚至到了走火入魔的地步，使顾客无法信任自己，对自己的商业活动同样是灾难性的。

我们提倡"奇正互变"，是强调在经营活动中灵活地运用各种经营策略，来扩大产品的知名度和本企业的声誉，因此千万不可做得过于出格，以免物极必反，丧失了最可宝贵的信誉。

使用谋略、出奇制胜与弄虚作假、不择手段之间是有严格区别的，我们一定要把二者区分开来。要高明地做到前者，而坚决反对使用后者，既要"出奇"还要"守正"，既要"以奇胜"，还要"以正合"，才能在扩大自身影响的同时，更有力地击败竞争对手，更迅速地占领市场。

 ## 5. 白手打天下

学会保存自己，发展自己，忍辱负重，不断创新，凭借自己的胆识、智慧和汗水，在市场竞争中由无到有、由小到大、由弱到强，就能创造出"白手打天下"的商业奇迹。

在一无所有、一清二白的基础上，完全凭借自己的胆识、智慧和汗

水,在市场竞争中由无到有、由小变大、逐步发展,直到最终奠定自己不可动摇的行业龙头地位,创造出商业发展史上的奇迹,这就是被无数商家所津津乐道、梦寐以求的"白手打天下"。

英国最大的百货公司马狮公司是靠数百英镑发家的,香港针织业大亨陆达权最初赖以生存的本钱仅是区区两元钱,号称"橡胶水大王"的叶志成是在四千元的基础上发达起来的,号称"百货大王"的上海永安百货公司是从一家小小果摊起步的……类似这样的事例举不胜举,都向我们展现着白手打天下的传奇,描绘着一条条艰难坎坷却又辉煌壮观的创业道路。

白手打天下,说起来容易,做起来却异常艰难。能够在风云变幻的市场中惨淡经营已经相当不易,要想独树一帜,脱颖而出,非要有过人的胆识让你去闯荡,非要有过人的眼光让你去辨别真伪,非要有过人的智慧让你指挥若定、左右逢源,非要有过人的才能让你力挽狂澜、死里求生,非要有过人的体能让你日夜操劳不可,只有这样,才能把坎坷的创业路踏成坦途。

学会保存自己,能够忍辱负重,胸怀远大理想,不屈不挠,矢志不移,就能把无数挫折和坎坷踏平在脚下,走出一条辉煌的创业之路。

新加坡富商沈望傅是多媒体声卡的发明者,在电脑发展史上具有相当高的地位。他拥有世界上最大的音响公司,曾两次荣获"新加坡最佳商人奖",在1993年的颁奖仪式上,总理李光耀亲自向他颁发了金光闪闪的奖杯。他的公司入选世界IT行业100家最有影响力的企业之中,并成为新加坡第一家在美国NASDAQ证券交易所正式挂牌上市的公司。

沈望傅的事业如日中天,但是他的成功却相当不易,他完全是从零起步,凭着自己的智慧和辛勤,白手起家,一步一步创出自己的事业的。

他的家乡在新加坡武吉镇,家庭条件很差,仅靠父亲一人的工资收入维持生活。他的父亲在一家工厂当工人,收入很有限,母亲不识字,整天在家做家务。

穷人家的孩子早当家,在他3岁的时候,他就开始帮助妈妈干活了,和妈妈一起喂鸡养鸭。少年时候他的最大梦想是当个钢琴家,每当听到邻居家里那优美的钢琴旋律,他总要驻足很久,痴痴地想,要是自己也拥有一架钢琴,那他就是天底下最幸福的人了。

第三章 阵地：稳守地盘，图谋发展

在上中学的时候，他第一次看到了电脑，顿时被电脑中那个缤纷的世界所深深吸引。从此他就有了一个奇妙的幻想，如果能发明一台神奇的电脑，使它能像钢琴那样演奏出美妙动听的乐曲，那该有多好啊。

他从义安工艺学院电子系毕业后，在一家民办小厂干起了电脑工作，在这段时间里，他脑里反复盘旋着少年时的那个梦想，渴望有朝一日把它亲手变成现实。

1981年7月，他26岁了，不甘心再这么平平淡淡地过下去，于是借了1万元钱，和两个朋友一起创办了一家"创新公司"。

在一间很小的房间里，三个年轻人夜以继日地奋战，苦干了两个月，终于制作出了他们的第一台CT电脑。他们兴奋极了，就像看着自己刚刚问世的孩子一般，充满了对未来的美好想象。

但电脑一投入市场，就惨败而归。虽说电脑很新颖，既能处理中英文字，又有声音、图像，但毛病很多，功能很不稳定，很快就被退了回来。

他再也无法安睡了，他决定下一番苦功夫，反复调试，反复改进，使电脑的功能完善起来。含辛茹苦、卧薪尝胆地过了两年后，会说汉语、功能稳定的电脑终于被他研制成功了。

产品投入市场，居然供不应求。他喜出望外，在此基础上，又进行了大胆的改进，于1987年推出第一套初级音乐系统和作曲软件，大受欢迎。

在新加坡市场上出尽风头，他并没有沾沾自喜，而是认为创业的路还很漫长，自己不应有丝毫的松懈。他的目光瞄准了遥远的美国，那里才是电脑竞争的世界级的大舞台，他要到美国去，让他的产品造出世界性的声势。

1988年8月，他独自一人来到美国旧金山。电脑市场竞争的激烈程度远远超出他的想象，但他没有退缩，他对市场进行了反复调研，最终决定把自己创新的目标锁定在游戏卡上。游戏卡又叫声霸卡，对那些爱好音乐的电脑迷们很有吸引力，市场前景广阔。

经过日夜奋战，1989年他的第一款声霸卡问世了，那逼真的音响效果，给人一种强烈的身临其境之感。产品刚一投入市场，就立刻被抢购一空。

他立刻再接再厉，推出新款声霸卡，抢购狂潮再起。随后他又推出具有20复音立体声音效的超级声霸卡，居然创出了销售最高纪录。到1995

年，全世界使用他的声霸卡的用户就达到了1700万户。进入21世纪，他的事业又得到了巨大的发展。

他白手起家，经过多年的艰辛努力，把自己的名字刻到了电脑发展史上，成为一代风云人物，被人们誉为"新加坡的比尔·盖茨"，获得了巨大的成功。在总结自己白手打天下的经验时，他说："创新公司要发展，就一定要创新，我们永远不会步人家的后尘，要始终走在市场的前面、成为多媒体声卡的领头羊。"

事业的成功是需要付出毕生的辛勤努力的，只要你把汗水、心血和智慧都加在一起，全部倾注到自己的企业上来，苦心经营，不断创新，奋发图强，那么总有一天，辉煌的胜利会把你紧紧拥抱。

6. 居安思危，利在长远

在头脑中时刻树立危机意识，看到企业和市场所面临的许多潜在问题，就能使自己的企业回避一系列市场风险，走得更安全、更长久、更辉煌。

青岛海尔集团总裁张瑞敏经常用这句话来告诫自己的部属："要牢牢记住，海尔离垮台永远只有一步之遥。"

海尔集团在当今的中国，事业正如日中天，而张瑞敏却及时地发出了这样的警告，表现出了一个领导者所罕见的远见卓识和居安思危的可贵品质。

在我国历史上，我们一再看到这样的现象：每个开国皇帝都殚精竭虑，操持政务，国家一派欣欣向荣的景象，但好景不长，到了他的后代手里，继位者无不安享荣华富贵，把祖宗创业的艰难抛到九霄云外，很快就把朝政搞得乌烟瘴气，国破家亡。

第三章 阵地：稳守地盘，图谋发展

历史的教训是惨痛的，缺乏"居安思危"意识的人是注定要失败的，不管是在国家管理上，还是在企业经营中，都无一例外。

鲍勃·哈斯是牛仔裤的设计者，他创办了世界牛仔裤生产王国李维斯公司，长期领导世界服装潮流，使公司呈现出一派蒸蒸日上、如日中天的繁荣景象。

但在形势一派大好之际，他却不切实际地提出"革新理念"，试图更多地考虑社会价值，他异想天开地认为这样的公司将会比那些以经济效益为主的公司更有发展前途。

在他的大力倡导下，公司职员们每天都在忙于探讨诸如家庭、种族之类的社会性问题，把社会价值、伦理道德凌驾于公司的正常经营之上，仿佛置身于激烈的市场竞争之外，把许多大好的发展机会都白白错过了。

尽管他的出发点是好的，但由于他的一系列规定过于极端，就相应地助长了公司的文山会海，形成了严重的官僚作风，故步自封，自以为是，严重脱离了实际。

在他的革新理念影响下，公司的经营状况越来越糟，但要命的是，他却毫无察觉，自以为正在进行一场伟大的社会革命呢。

1997年李维斯公司因为经营状况不佳，不得不关闭了设在欧美的29家工厂，裁员16万人。到了1998年，情况变得更加恶劣，销售额又下滑了13%。

在李维斯公司节节败退之际，它的主要竞争对手盖普公司却趁机加强了攻势，夺取了许多市场份额。据统计，李维斯公司的市场价值由高峰时的140亿美元，迅速下滑到了80亿美元，而盖普公司的市场价值却由原来的70亿美元，猛增到了400亿美元。

如果企业缺乏危机意识，就会完全忽视本应及早解决的一系列问题，任由问题长期存在，愈演愈烈，直至无法收拾，酿成惨祸。这方面的教训是很多的，我们一定要谨记在心。

美国宾州三哩岛核电厂曾经发生过严重的泄露事故，辐射线外泄，污染了大片土地，核电厂主机必须大修，进行彻底清理，需要耗费巨资10亿美元，历经10年时间才能完成。

事后追究责任，才发现这完全是企业领导缺乏危机意识所导致的。在此之前的13个月，就有一位高级工程师向领导发出过严重的警告，指出操

作员违规操作，险些造成事故，但却被领导置之不理。

事故发生后，对操作员进行了一次严格的安全操作规程测试，竟然发现有三分之一的人不及格。再进一步调查，事实更加令人吃惊，这些人中竟有相当一些人是凭着关系混进来的。

没有居安思危的意识，整个企业就会如此的麻木，即使自己已经坐在了火山口上，还能安然地做着美梦，自以为天下太平呢。

在头脑中时刻树立危机意识，看到企业和市场所面临的许多潜在问题，时刻提高警惕，就能使自己的企业回避一系列市场风险，走得更安全、更长久，还能使自己时刻保持旺盛的斗志，把满足、懈怠、停滞之类的恶习彻底抛开，不断努力，矢志开拓，去争取更大的成功。

海尔集团在国内市场上已经取得了空前的成功，但张瑞敏并没有沾沾自喜，也没有居功自傲，而是响亮地提出"海尔国际化"的口号，大胆走出国门，到美国南卡罗米朱纳州开设工厂，并成立了美国海尔贸易有限责任公司，使这个美国本土化的海尔成为他的得意之作。

他还以年薪25万美元的重金聘请一个美国人担任营销中心总经理，以便使海尔更快地在美国扎根生长，达到彻底的美国本土化，并力争美国海尔在比较短的时间内上市，做到在当地融资、融智。

自张瑞敏来到海尔之后，海尔就没有停下前进的脚步，几乎以7年一个台阶的速度在神奇地发展着。1984年至1991年是实施"名牌战略"，1992年至1998年是实施多元化经营，1999年至今是走上了"国际化"的宽阔舞台。

张瑞敏说："这就像比赛一样，人家不会等你去练习，你跑不过来，就是失败者。人家在多少年内完成的事情，你要用很短的时间去完成。"

这段话说得多好啊，既充满了居安思危的忧患意识，又展现着勇于进取的强者雄姿，是中国当代优秀企业家的郑重宣言，表达了中华民族崛起的胆识和决心。

与张瑞敏相类似，中国一大批优秀企业家都具有这种可贵的居安思危意识。合肥美菱集团总经理张巨声在一段时间里，就常常做一个噩梦，梦见美菱冰箱严重积压，堆满了仓库、过道、街巷、广场，让他惊出了一身冷汗。他对厂里的职工们说，如果大家都能经常做这样的噩梦，人人都有了危机意识，那么企业就会繁荣昌盛了。

基于此，他特别在厂里建立了一套危机意识管理体系，制订了一系列科学的危机预防及应变措施。20世纪90年代，我国冰箱业陷入严重的经营危机，张巨声勇于面对挑战，毅然推出新一代大冷冻室冰箱181型，改变了企业的不利处境，1994年，美菱冰箱就由原来的第27位一跃而成全国第一。

居安思危，利在长远，拥有了可贵的危机意识，就能及早解决企业潜在的许多问题，提前规避和化解市场中的经营风险，使自己的企业在市场竞争中成为坚不可摧的堡垒。

第四章

勇气：
以命相拼，奋勇争先

　　市场竞争是十分险恶的，面对着无数的艰难险阻和阴谋诡计，只有奋勇争先，以大无畏的气概，独当一面，坚持到底，才能取得竞争的胜利。

　　要有牺牲精神，要韧性战斗、永远进取，要对市场保持长久的胃口，要懂得以小利换大利的技巧。在市场竞争中的每时每刻，都要昂扬着无限的勇气，豪气如虹，纵横驰骋。

1. 两强相遇勇者胜

　　市场不相信眼泪，市场竞争与懦夫无缘，在强大的对手面前，必须拿出以命相拼的勇气，大无畏地迎接他，奋不顾身地战胜他，才能抢占市场中的制高点。

　　市场竞争如同逆水行舟，不进则退，如果对手抢占了市场，我们就会失去立身之地。在与对手生死相拼的过程中，我们必须拿出惊人的勇气，以战斗的姿态，一往无前地去夺取胜利。

　　人常说"两强相遇勇者胜"，在市场竞争中，与对手的遭遇战时常出现，如果我们胆怯了、退缩了，就会一败涂地，把市场拱手让给对手；只有采取坚决果敢的行动，投入全部的人力、物力、财力，勇敢地拼争到底，才能战胜对手，抢占市场中的制高点。

　　商场如战场，虽然没有可感、可视的硝烟拔地而起，但市场中的每一个人都能异常真实地感受到竞争的残酷与激烈。

　　市场不相信眼泪，市场竞争与懦夫无缘。在强大的对手面前，拿出以命相拼的勇气，大无畏地迎接他，奋不顾身地战胜他，就能走出一条可歌可泣的创业之路。

　　1999年11月，英国大东电报局做出了一项重大决策，决定把其控股的香港电讯公司出售给新加坡电信公司，从香港市场撤退，然后集中精力，把欧洲互联网的生意做大。

　　消息传出，整个香港都被震动了。许多香港市民都是香港电讯公司的用户，持有该公司的股票。盈科公司总裁李泽楷更是激动万分，他对该公司相当了解，知道它是一只老牌绩优股，股本达120多亿，每年的收益都

第四章　勇气：以命相拼，奋勇争先

在100亿港元以上。如果把该公司收归自己旗下，必将对公司的发展产生极其重要的影响。

李泽楷急忙坐飞机赶到伦敦，要求与大东电报局的高层领导会面，商谈收购事宜。但大东电报局对他并不热情，只派出一名执行董事和他相商。

眼看大东与新加坡电信的正式协议即将达成，李泽楷心急如焚，过了不久，又再赴伦敦，与大东高层就收购一事进行商谈。但大东对他并无兴趣，只是礼貌性地接待了他。

形势危急，他断然决定，立刻宣布对香港电讯进行收购。2000年2月，这条爆炸性的消息被媒体广泛报道，香港市民又一次被震动了。

接着，他率领部属直奔新加坡，与新加坡电信进行协商，希望双方能够合作收购。但新加坡电信却无此诚意，故意提出了一系列极其苛刻的条件。

李泽楷无功而返，陷入焦虑之中。怎么办？难道就这样把大好的机会放过了吗？他深知香港电讯对自己公司的重要意义，如果把香港电讯收归自己所有，那么自己就将同时兼具互联网内容供应商和线联网供应商的双重身份，成为当之无愧的互联网巨头。

两强相遇勇者胜，拼了！他毅然下了决心，宣布自己将单方面对香港电讯进行收购，于是紧张激烈的收购大战就此展开。

大东提出100多亿美元的收购天价，李泽楷知难而上，在很短的时间里，就把这笔巨款筹齐了，他抢在新加坡电信之前，抢先与大东签署了收购协议。

在他的强大攻势面前，新加坡电信只好宣布放弃，他取得了决定性的胜利。

强大的竞争对手是自己的敌人，必须用一往无前的精神，英勇果断地战胜他；与此相类似的是，在前进道路上出现的困难也是貌似强大的敌人，同样必须拿出以命相拼的精神，坚决顽强地克服他。

要想在市场竞争中给自己争得较好的立身之地，就必须选择一个别人无力参与、不敢参与的行业，努力去干，一往无前地去取得成功。泰国人杨海泉建立了世界上规模最大的鳄鱼王国，他那顶"鳄鱼大王"的桂冠，直到今天还没有人有胆量去摘取。

虽说鳄鱼浑身都是宝，但却凶残、丑陋，人们避之唯恐不及，谁还敢

冒着生命危险，去干养鳄鱼这样的事情？但杨海泉偏偏不信这个邪，他不仅去干了，而且还干得有声有色。

最初他开了一家杂货店，但却很不景气。当他发现鳄鱼皮的售价十分高昂时，他心中一动，何不去养鳄鱼呢？养成了，不就能赚到大笔的钱了吗？

他用很低的价钱买了一批幼鳄回来，但在饲养的过程中却遇到了一系列想都不可能想到的难题。家里太穷了，他买不起足够的食物，无奈之下，他就含泪宰杀一批，把鳄鱼皮售出后，换回资金，再继续饲养。

饲养鳄鱼是一件前所未有的事业，亲朋好友对此大加反对，给他的饲养增加了不少困难，但他毅然决然，顶住强大的压力，坚持了下来。

把幼鳄养大，再宰杀出售，虽说很辛苦，但毕竟还是取得了成功。他并没有满足，决定更进一步，对鳄鱼实施人工繁殖。

他投入巨资，买下了曼谷北郊的渔港北榄，兴建起了他的鳄鱼王国，进行人工繁殖的实验，形成了世界上规模最大的人工养鳄湖。他的专业化养鳄实验在全世界引起了轰动，1973年国际保鳄会议破例移到这里举行，他因自己的突出贡献而被载入史册，流芳百世。

在当时，世界上虽有不少的猎鳄专家，但养鳄专家却独此一家，别无他人。他用罕见的勇气和胆识，开创了前所未有的事业，取得了罕见的巨大成功。

在此基础上，他又把养鳄业和旅游观光巧妙地结合了起来，把他的鳄鱼王国向全世界开放，财富随之滚滚而来。

干一件前无古人的事业，所面对的困难是强大的，但只要我们拿出更加强大的勇气，发扬"两强相遇勇者胜"的精神，那么又有什么困难不能战胜呢？又有什么成果不能取得呢？

第四章 勇气：以命相拼，奋勇争先

2. 永远保持饥饿感

　　在市场竞争中使自己像狼一样保持饥饿感，就能对各式各样的经营活动都产生强烈的胃口，永不满足，不断进取，去夺取一个又一个胜利。

　　狼的胃口极好，不管什么猎物，都能连骨带肉吞下，吞得干干净净。狼在吃东西的时候总是狼吞虎咽，好像饿了很久一样，因此人们常把狼形容为"饿狼"。

　　如果把刚出生的狼崽和狗崽一起放到母狗身边，让母狗来喂养，那么遗传有"饿狼"基因的狼崽就会野蛮地把狗崽赶到一边去，独自把母狗的所有奶头都霸占了，猛吃猛喝起来。

　　狼在吃东西的时候，是六亲不认的，不管是谁，只要走近它的食物，它都会凶相毕露，准备以死相拼。狼吃饭就像打仗，速度很快，就是因为它牢牢记住了饥饿的滋味，刻骨铭心，哪怕吃得再饱，也无法忘记。

　　饥饿感是一种实实在在的生理感觉，成为狼采取一系列勇猛行动的强大动力。在市场竞争中使自己经常性地保持饥饿感，就能对各式各样的经营活动都产生强烈的胃口，彻底消除自己身上所残存的惰性，不断进取，去开拓全新的市场领域。

　　雷蒙·克罗克是个美国商人，他做过许多工作，卖过许多商品，包括乐器、纸杯、饮料搅拌机等，五花八门，虽也挣了一些钱，但收益一直不大，他觉得很不满足。

　　1954年，他已经52岁了，这天，他有事从芝加哥来到了洛杉矶，路过一家麦当劳快餐店时，他惊讶地发现在店外居然排起了长长的队伍。

那家店尽管十分简陋，但却并不影响它的生意兴隆。他也排进队伍之中，买了汉堡包吃了起来，果然味道很好，收费又便宜，既好吃又卫生。

他被触动了，他想如果把这样的快餐店开遍全美国，该会挣到多少钱啊，这不正是他梦寐以求的生意吗？他立刻找到店主麦克、迪克兄弟，建议他们在全国多开几家连锁店，但兄弟两人对此兴趣不大。

于是他就提出了另一个建议，希望兄弟两人把在美国各地开设麦当劳连锁店的特许权交给他，由他来进行具体的经营，赚了钱，给兄弟两人分成，兄弟两人同意了。

他返回芝加哥，把自己的打算一说，谁知却招来亲朋好友的一致反对。他们认为放弃原来的生意，转向不熟悉的饮食业，显得太冲动了，他已经50多岁了，没有必要再如此冒险。

但他坚持自己的意见，义无反顾地去做这件事情。他对市场经营一直保持着强烈的饥饿感，总想"吃"得更多一些，更饱一些，现在大好的"食品"就摆在面前，他有什么理由退避三舍呢？

他立刻把全部精力都投入到第一家快餐店的筹建之中，很快，他就遇到了一个头疼的问题，他按照兄弟两人教给的方法来做炸薯条，但无论怎么做，口味、质地都不佳。他向兄弟两人请教，但仍旧无法解决问题。于是他又去拜访马铃薯协会的专家，在他们的指导下，对制作过程进行了重新摸索，才终于炸出了理想的薯条。

1955年4月15日，第一家麦当劳快餐店终于开业了，一传十，十传百，一时间，成千上万的顾客纷纷涌来，他的生意火爆至极。初战告捷，他乘胜追击，又继续开了第二家、第三家……

经过30年的努力，他在全球40多个国家开设了1万多家连锁快餐店，开创了令人羡慕的麦当劳王国。

在市场上时刻保持饥饿感，自己就会不断地采取行动。但仅有饥饿感又是远远不够的，作为一名成功的商人，还必须要有较好的消化功能，不仅能吃得下，而且还能在较短的时间里，把它化为自己的东西，转变成自己前进的强大力量。

道弥尔被美国企业界誉为"神奇的巫师"，他具有化腐朽为神奇的特殊能力，把一个个濒临破产的企业从死亡的边缘挽救了过来，使它们起死回生，重新焕发了活力。

第四章　勇气：以命相拼，奋勇争先

他的经营之道和别人大不相同，他把目光瞄准那些即将倒闭的企业，用不多的资金收购过来，然后再充分利用原有的各种资源，进行大胆的改革，使这些企业重新走上正常的经营轨道，他也因此成为亿万富翁。

第一家被他收购的工厂是一家工艺品制造厂，他乘人之危，很轻易地就收购成功。他与厂方达成协议，如果能够扭亏为盈，那么他将占有赢利的90%。

他紧紧抓住生产和销售两大基本环节，进行大规模的整改，通过减员加薪、提高效率、降低成本等措施，使产品质量大幅度地提高。他把原先的低价推销制度改为行销制度，进一步提高了售后服务的质量，使产品的知名度不断提升。

一年时间还不到，工厂就已完全变样，实现了扭亏为盈。随后，工厂在他的大力经营下，生产和销售都呈现出一派生机勃勃的局面，取得了很好的经济效益。

几年后，他又把目光盯在了一家玩具厂上。这同样是一家停工多时、朝不保夕的企业，他又用很少的钱收购了过来，然后进行调查研究，确定整改策略，一方面大力调整产品结构，努力开发适销对路的新产品，另一方面果断实施精兵简政，压缩开支，提高员工的素质，提高工作效率。

过了不久，这家企业就一派生机，经济效益稳步提高，他又为自己赚取了可观的收益。

为什么他对这些濒临倒闭的企业如此感兴趣呢？原来他发现这些企业虽已陷入困境，但还保留着一副完整的躯壳可以利用，总比他白手起家所要承担的风险要小得多。他一针见血地指出："别人经营失败了，接过来就容易找到它失败的原因，只要把造成失败的缺点和失误找出来，并加以纠正，就会得到转机，也就会重新赚钱，这比自己从头干起要省力得多。"

他胸怀大志，为熟悉市场，曾不断地"跳槽"，创造过在一年半时间里连续更换15次工作的纪录。在频繁的市场经营中，他磨炼了自己的商业头脑，熟悉了市场竞争的每一个环节，能很快察觉倒闭企业的一切症结，为他对症下药、妙手回春打下了良好的基础。

他永不满足，不断进取，像狼一样永远保持一副好的胃口。他在经营的过程中敢于真抓实干，革除一切陈规陋习。他呕心沥血，兢兢业业，有

一次竟连续工作36个小时。就这样，他以艰辛的劳动，收获了丰硕的胜利果实。

对市场缺乏饥饿感的人不会采取任何行动，也就不会获得任何成功的机会。在市场竞争中做一匹饿狼吧，你就会在不断行动中，迎来一个又一个辉煌。

 3. 以小利谋大利

要胜利，就必须有所牺牲，在市场经营中也是如此，不付出任何代价的无本经营是不可能的，精明的商家就一再做出让利的举动，让出了小利，收获了大利，巨额财富就会如不尽江河，滚滚而来。

俗话说"舍不得孩子套不住狼"，古人说"若要取之，必先予之"，表达的方式虽有不同，但含义却是完全一致的，就是说要想得到更大的利益，就必须先给对方一点甜头，引诱对方上钩。

在"三十六计"中有一计叫作"抛砖引玉"，就是这一策略在战争中的灵活运用。在激烈的商战中，要想更快地脱颖而出，把巨额财富赚到手中，也必须深刻地领悟这一策略的精髓。

把较小的利益牺牲了，来换取更大的胜利，这种以小利换大利的作战原则，在战场上、商场上都曾得到反复的运用。

这是以小搏大的游戏，使用得巧妙，就会收到一本万利的奇效，但如果使用不当，也有可能赔了夫人又折兵。

这些年来，大中小型商场都常常实施"购物有奖"的销售策略，在这种手法最初出现的那些年头，确实吸引了无数的顾客前来购买，得到了很好的经济效益。但随着这一策略的一再使用，人们的新鲜感渐渐消失，消费的理智性逐渐增强，所收到的效果也就越来越差了。

与此相类似的还有福利彩票、体育彩票，在最初推出轿车、住房之类的大奖之时，人们趋之若鹜，销售现场人山人海，但随着这种策略的一再使用，人们对获得大奖的希望越发渺茫了，销售状况也就一次不如一次了。

这些都是以小利谋大利的市场表现，都曾收到过很好的经营效果，但把这一手段多次机械地反复使用，就会被别人识破你的真正用心，大家就不会上钩了，所希望的效果就不会出现。

以优惠价、全市最低价、大甩卖、有奖销售等方式进行"让利"来吸引消费者，是一个高明的营销策略，但我们常常发现，不同的商家使用之后，效果却有很大的不同，原因到底在哪里呢？

我们认为，首先是时机的把握。当市场上出现市场疲弱、销售下降的不利情况时，只有给予极强的外部刺激，才能把消费者的欲望调动起来。当你发现这一状况的时候，还必须先人一步，采取行动，才能获得较大的收获，否则的话，每天都在搞"特价销售"，每天都是收益平平。

其次还要表现得十分真诚，让顾客觉得是在实实在在的让利。比如有的商店打出"全市最低价"的口号，还公开承诺如果别家的商品低于自己的售价，将按差价的5倍给予顾客赔偿，并且还及时兑现，让顾客感受到真实的实惠，自然会顾客盈门；而另一家商店却打出"挥泪大甩卖""跳楼价"之类的口号，虽把自己的境况描述得惨不忍睹，可顾客却发现，过了两三个月了，它仍在"挥泪"不止、"跳楼"不止，顾客就会对它抱以讥讽的微笑，再也不会光顾了。

最后要强调的是让利的方式。方式自然是多种多样的，但却必须新颖，让消费者感受到极强的诱惑力。那种一而再、再而三使用同一手段的商家，暴露的只是自己的愚蠢和经营头脑的缺乏。

在台湾饮食行业，流行着一种"试吃"的经营方式。台北圣玛莉面包店和卡莎米亚面包店，在面包业不景气的情况面前，率先使用"试吃"的方式来进行促销，生意一下子就好转了起来。

卡莎米亚面包店在新产品刚刚上市时，就及时搭配"试吃"活动。由于一些食品采用的是不透明包装，消费者无法看到里面的内容，让他们来试吃，就使他们真切地感受到了面包的美味，增强了他们的购买欲。

圣玛莉面包店对此的感触更深，他们认为用这种方式推销新食品，业绩就能大增五六倍，产品就能很快通过消费者的传播，达到家喻户晓

的程度。

台湾味一食品公司在采取这种方式后，收到了很好的效益，他们立刻决定，在香港开设首家"试吃"分店，推广自己的新产品，经过一段时间的经营，生意显得十分红火。那些来试吃的顾客，一般总要买一些食品回去，不然的话，就会觉得心里过意不去。

贺希哈在证券市场上赚取了可观的收益，成为华尔街的风云人物。这天，有个叫裘宾的人前来拜访，告诉他在加拿大的瞎河西北地区储藏着丰富的铀矿，但由于雨、雪、硫黄、磷等物质将地面的放射性物质洗滤掉了，因此地质学家多次探测，都认为含量微不足道，不值得开采。

裘宾在这一地区做过多年的研究，对自己的结论坚信不疑，他相信铀矿一定深埋在地下，只要进行钻探试验，就能证实他的结论。但遗憾的是，他找过多家公司，却无人相信他，不肯为此进行投资。

贺希哈静静地听完，当即决定投资3万美元，对该地区的铀矿储藏量进行钻探实验。他想，如果储藏量真的十分丰富，他就会财源滚滚而来；即使万一运气不佳，毫无收益，他也不过损失了3万美元，对他来说实在算不了什么，尤其是和那笔巨大的收益相比，更是九牛一毛。以小利谋大利，这笔投资值得做！

过了不久，钻探实验的结果出来了，在56件样品中，竟有50件含有铀，这说明这一地区铀的储藏量丰富得超出所有人的想象。

贺希哈大喜，立刻向加拿大政府申请了当地470平方英里的采矿权，同时选派一大批技术员和工人，即刻赶赴现场，投入了紧张的开采工作中。

第二年的11月，他的铀矿终于开采出来了，美国的国务卿艾奇逊专程打来长途电话，向他表示祝贺。

对这次投资行动，他十分满意，言语间流露着万分的得意，他说："我拿了区区3万美元开了个头，而现在那个地区的财富已有40亿美元甚至可能有80亿美元了。到明年年底，将有两万人在此谋生。"

无本经营是不可能的，但一本万利却是完全可以做到的。让出了小利，收获了大利，商家的精明就在这个过程中体现得淋漓尽致。不懂此道的人断难在商场中立足，只有让利让出一片真诚，才能把不尽的财富尽揽怀中。

第四章 勇气：以命相拼，奋勇争先

4. 可贵的牺牲精神

在商业经营中，为了取得事业的成功，我们常常要做出许多牺牲，有时甚至还要用自我伤害的办法来实施"苦肉计"，以收到更好的经营效果。

在工作中要想做出一定的成绩，就必须付出比别人多得多的时间、汗水和心血，当别人在悠闲地休息时，我们却仍在辛勤地工作着。付出总有回报，最终我们的收益总会远远大于那些无所事事者。

在商业经营中也是如此，要想取得事业的成功，不全力以赴是不可能的。把更多的精力和智慧都用在了经营上，在别的方面必定要有所牺牲。

天下从来没有白吃的宴席，牺牲了娱乐时间、休息时间，牺牲了大量的人力物力，但能换来一个实力雄厚的企业，成为自己辉煌事业的见证，那该是多么令人鼓舞的事情啊。

商场如战场，但却并不等同于战场，在绝大多数时候都不用牺牲宝贵的生命、付出淋漓的鲜血，残酷的程度还是与战场有很大不同的。

御木本幸吉是对珍珠成功进行人工培育的第一人，他通过自己不间断的努力，终于实现了自己的梦想："把珍珠挂在全世界女人的脖子上。"

他的珍珠厂越办越大，在世界各地都产生了广泛的影响，不仅彻底改变了自己原来的穷困面貌，而且还成了家产亿万的大富豪。

他从小家里就很穷，逼得他不得不想尽办法来摆脱贫困。他看到许多女人都喜欢佩戴珍珠，于是就想做珍珠生意。但是天然的珍珠很不容易得到，那么能不能通过人工培育的办法，来获得更多的珍珠呢？

1890年，他专程拜访了东京帝国大学教授箕作佳吉博士，博士对他的

想法给予了大力支持，并带他去参观自己位于三清半岛的海产品养殖场。他感动得跪在博士面前，求博士收下他这个学生。

参观回来后，他把家里所有的钱都拿出来，还向亲朋好友借了一些钱，来到相岛，开辟了两个养殖场。

当时虽已有人开始进行人工培育珍珠的实验，但却并没有成功的先例。一只小贝长大就要三四年，然后才能作为母贝，在里面植入异物，再等四年，才会有结果。然而结果又会是什么呢？是成功还是失败？谁都无法保证，大量的钱财和至少八年的时间却已经耗了进去。

他带着几个工人在养殖场日夜忙碌，妻子在家里照顾全家老小。他的父亲体弱多病，孩子又十分幼小，家里还有一大家子人，压在妻子肩上的担子是十分沉重的。每当有人前来向他描述妻子劳碌的情景，他都两眼含泪，满怀感激，但他却无法分身回去看一看妻子，看一看全家。

不幸的事情发生了，海里泛起了赤潮，一个养殖场的几千只母贝毁于一旦。万幸的是，另一个养殖场完好无损。这一年春节他没有回家，他要抓紧时间，继续进行实验。

妻子写信给了他坚定的支持，并专程前来看望他，鼓励他，帮助他，因为这时候他已经穷得连工人的工资都付不起了。

经过艰辛的努力，1893年7月11日，世界上第一颗人工培育的珍珠终于问世了。这一消息通过报纸传遍了全世界，许多人纷纷前来和他洽谈合作事宜，他的处境得到了极大的改善。

然而第一颗珍珠却并不完美，是一颗半圆形的，他继续进行实验，决心培育出更完美的珍珠来。

实验正在紧张的进行之中，灾难却突如其来地降临了，他的妻子突然得了急病，不治而亡。他悲痛至极，常常在梦中叫着妻子的名字，哭醒过来。从此他终生未曾再娶，直到96岁时去世。

他向政府申请了专利，并开了一家珍珠店，继续潜心研究。功夫不负苦心人，在他48岁那年，他终于培育出了圆圆的珍珠，和天然的珍珠一样漂亮。

明治天皇闻讯，亲自接见了他。世界各地的珠宝商人纷纷前来订购，他在世界各地开设了许多珍珠店，财富滚滚而来，他终于成了真正的亿万富翁。

他永远忘不了妻子在这个过程中所做出的巨大牺牲,在妻子的灵位前,他把自己的每一个成功都一五一十地讲给妻子听,似乎妻子仍像以往那样,默默地分担着他的痛苦,也分享着他的欢乐。

"有志者事竟成,破釜沉舟,百二秦关终属楚;苦心人天不负,卧薪尝胆,三千越甲可吞吴。"以可贵的牺牲精神来干事业,事业岂有不成功之理?

"苦肉计"是"三十六计"中的一计,意思是说用自我伤害的办法来蒙骗对方,以达到自己的目的。我国历史上记载最早的苦肉计当属战国时期的要离断臂刺庆忌,而最著名的苦肉计却是三国时期的黄盖甘愿接受军棍的毒打,再去诈降曹操,为赤壁大战的胜利做出了重大的贡献。

在企业管理中,不少领导都会率先拿自己开刀,"从我罚起",来达到严明纪律、激励士气的目的。在工作失误面前,绝不推卸自己应负的责任,实施"苦肉计",为员工们树立一个良好的榜样,就能使整个企业万众一心,形成团结一致的高度凝聚力。

在激烈的商战中,以牺牲自己的方式来实施苦肉计,也是一种常见的策略。表面上看对自己的某一部分造成了一定程度的伤害,但事实上却获得了远高于此的收益。

有一个叫佐佐木的日本人到丹麦去旅游,非常不幸的是,他遭遇了一场车祸,撞到了丹麦一家最著名的啤酒厂的总裁的汽车上,一条腿被撞断了。啤酒厂总裁很过意不去,把他送入医院治疗,然后又接受他的请求,安排他在厂里当了一名门卫。

虽说他腿有残疾,但却对工作毫不马虎。他还喜欢和员工们聊天,与员工们相处得非常融洽,厂里许多人,甚至还包括一些高级职员,都经常来到门卫室和他谈论厂里的一些情况。

3年很快过去了,他把厂里最为保密的啤酒酿造技术都全盘掌握了,然后辞职回到日本,开了一家啤酒厂,很快就发展起来,发了一笔大财。

为了企业的发展和事业的进步,我们一定要有勇于牺牲的精神,才能一往无前,披荆斩棘,在激烈竞争的市场中去夺取辉煌的胜利。

5. 勇于独当一面

在市场竞争中，必须要有独当一面的勇气，去做别人不敢干的事情；要有独当一面的才能，去把握转瞬即逝的市场机会；要有独当一面的意识，向自己的惰性和局限挑战，不断开创出崭新的工作局面。

每一个企业都是由许多职能部门组成的，这些部门各自担负着不同的任务，从不同的途径、用不同的方式为企业的发展做着贡献。每个部门的负责人都必须是独当一面的高手，能够根据企业的发展规划，独立自主地开展工作，做出卓有成效的业绩，有力地促进企业的整体进步。

我们常说："火车跑得快，全靠车头带。"独当一面的领导人就是那个动力十足的火车头，想在前面，走在前面，锐意进取，真抓实干，成为本部门的中坚力量。

能够独立完成某一方面的工作，成为独当一面的强手，那么对自己来说，是事业成功的保证，对企业来说，是发展壮大的基石。我们每个人都应努力向这个方向发展，为自己、为企业创造腾飞的契机。

得到大批独当一面的人才是企业的幸事，为此，不少精明的企业家都不惜重金，多方聘请，力争把这样的人才挖掘到手。这样的人才走上了某个部门的领导岗位，就会给这个部门增添无尽的活力，给这个企业带来数以千万计的收益。

日本索尼公司推出了高质量的索尼彩电，在日本市场上卖得十分火爆，但奇怪的是，一到了美国，简直就沦落到叫花子的地步，无人理睬，销量很低。公司的国外部部长迫不得已，只得一而再、再而三地宣布降价，但越是降价，索尼彩电的市场形象就越差，就越是受到顾客的冷落。

第四章 勇气：以命相拼，奋勇争先

1974年7月，卯木肇被重金请入公司，担任了国外部的新部长。他信心百倍，决定通过自己的努力来改变这一现状，向世人证明自己独当一面的实力。

他来到美国，吃惊地发现索尼彩电都摆放在廉价出售的旧商品小店里，落满灰尘，无人问津。他无限伤感，陷入了长久的思索之中。通过反复调查，他终于弄明白了事情的原因：在美国有成千上万个电器销售商，索尼彩电竟没有和他们中的任何一个取得联系，没能征服他们的心，也就自然不能征服消费者的心了。

他了解到芝加哥最大的电器销售商是马西里尔公司，于是决定从这里打开突破口，抓住这个行业龙头，彻底解决销售问题。但是马西里尔公司久负盛名，又怎会把他们这样初出茅庐的外国企业放在眼里！他一连去了三次，都没见到经理的面。

他不甘心，第四次又去，终于见到了经理，但经理对他十分冷淡，把他连讽刺带挖苦地嘲弄了好半天。他为了公司的利益，只好忍辱负重，不去计较。回去后，他立刻按照经理的要求，把各家小店里的降价彩电全部取回，并重新刊登广告，以便塑造索尼彩电的崭新形象。

一切准备就绪，他又去拜访经理，不料经理又提出了新的责难，以"售后服务太差"为借口，断然拒绝销售。他接受了经理的意见，又着手筹建特约维修部并刊登广告，保证公司的维修人员随叫随到。

这一次应该万无一失了吧，他充满信心地想，谁知当他见到经理，却又被兜头泼了一瓢凉水。经理傲慢地说"你们的彩电没有知名度"，仍旧把索尼彩电拒之门外。

这一下他被彻底惹火了，决心给他们一点颜色瞧瞧，于是他立即下令自己的部下，每人每天向他们至少打五次电话，反复要求购买索尼彩电。

马西里尔公司的职员不知就里，就把索尼彩电列为"待交货名单"上报经理。经理看了，当即明白是怎么回事，顿时火冒三丈，把卯木肇叫来，当面严词责问。

卯木肇也不客气，当即把索尼彩电的优点一五一十地讲了一遍，说得经理无言以对。经理就有意提出了很苛刻的条件，想把他吓退，但他毫不示弱，据理力争。最后经理只好松了口，答应为他们代销两台试试，如果一个星期内还卖不出去，就再也不销售他们的彩电。

卯木肇笑了,他终于赢了关键性的一步。他立刻选派两个能说会道、又年轻英俊的推销员将两台彩电送到马西里尔公司,并要求他们务必与马西里尔公司的店员一起推销,只许成功,不许失败,一定要把这两台彩电销售出去。

结果当天下午4点多钟,两台彩电就全部卖出去了。马西里尔公司经理也很是高兴,立刻又叫他们送了两台来代销。

索尼彩电在美国的销路就这样被打开了。随着美国公众对索尼彩电的认可,索尼公司的知名度也越来越高,到了当年的12月,就创造了一月销售700余台的销售纪录,令马西里尔公司经理刮目相看,主动提出与卯木肇加大合作的力度,把销售活动推向深入。

索尼彩电很快占据了美国市场并进而横扫全世界,成为彩电市场上的一大王牌。

能够独立把某一方面的工作处理好,就意味着自己具备了独当一面的才能,就可以成为某个部门的领导;进一步发展下去,还可以自己成立公司,创建自己的事业,这是多么令人激动的事情啊!

"达新牌"和"三和牌"是台湾市场上两种款式、质量都相差不大的反光雨衣,为了更好地吸引消费者、占领市场,两家公司的广告部都投入了大量的人力物力,进行广告宣传。

"达新牌"的广告词是"安全、防雨又漂亮",虽说想涵盖自己雨衣的全部优点,但却出力不讨好,并没有受到消费者的青睐。

而"三和牌"的广告词则是"晚上一百米都能看到我",说得既简洁明快,又好记好懂,突出了雨衣的安全性能,很快深入人心,打开了市场。

这其中的原因是一目了然的,"三和"厂的广告部经理对广告业务十分娴熟,对顾客的心理摸得很透,是个独当一面的高手,这才脱颖而出,战胜了竞争对手。

要想在市场竞争中出人头地,就必须使自已具有独当一面的勇气、才能和意识。有了这种勇气,你才勇于去做别人不敢干的事情,设计出别人想不到的创意;有了这种才能,你才可以在某一领域尽情施展,战胜一切考验,把握住转瞬即逝的市场机会;有了这种意识,你才能够积极进取,向自己的惰性和局限挑战,不断开创出崭新的工作局面。

第四章　勇气：以命相拼，奋勇争先

20世纪50年代，黑人乔治·约翰逊创建了自己的公司，专门生产黑人化妆品，初创时公司仅有500元资产和3名员工，小得无以复加。

尽管如此，他还是始终保持着独立思考的头脑，坚持着独当一面的处事原则，倾注了全部精力来生产"粉质化妆膏"。他费尽心机，与大名鼎鼎的佛雷公司建立了业务联系，并借机打出了十分巧妙的广告："当你用过佛雷公司的化妆品之后，再搽上约翰逊的粉质化妆膏，将会收到意想不到的效果。"

借助佛雷公司的盛名，约翰逊趁机抬高了自己的身价，扩大了公司的影响力，迅速占领了更多的市场份额。几年后，他就成功地把佛雷公司挤出了黑人化妆品市场，把这个市场变成了自己的独家天下。

独当一面的素质是领导素质的核心内容，只有勇于在市场竞争中独当一面，才能让自己的事业步步高升，直到走向呼风唤雨的龙头宝座，威震四方。

6. 坚持到底就是胜利

市场竞争所面对的困难和挑战是难以想象的，我们要发扬韧性精神，咬牙坚持下去，熬过最难熬的暗夜，那么胜利的曙光终究是属于我们的。

鲁迅先生早就深刻地揭示出中国人最深层的性格弱点，他痛心地说："中国一向就少有失败的英雄，少有韧性的反抗，少有敢单身鏖战的武人，少有敢抚哭叛徒的吊客；见胜兆则纷纷聚集，见败兆则纷纷逃亡。"

这是一种什么样的性格弱点呢？鲁迅先生把它概括为"缺乏韧性战斗精神"，也就是说不能英勇地坚持战斗到最后一刻。

鲁迅先生由此感慨万千，发自肺腑地说："我每看运动会时，常常这

样想：优胜者固然可敬，但那虽然落后而仍非跑至终点不止的竞技者和见了这样的竞技者而肃然不笑的看客，乃正是中国将来的脊梁。"

鲁迅先生把坚持到底的"韧性精神"上升到了"中国脊梁"的高度上，给予了相当高的评价，不能不引起我们深深的思索。

"坚持到底就是胜利"，这句话我们都很熟悉，但真正能够身体力行做到的却屈指可数。原因固然是多方面的，但我们主观上的软弱、动摇、盲从、松懈，却是更主要的原因。

市场竞争所面对的困难和挑战是难以想象的，我们要咬牙坚持下去，熬过最难熬的暗夜，那么胜利的曙光终究是属于我们的。

李泽楷是香港富豪李嘉诚的儿子，但他并不仰仗父亲的财势和地位，而是大胆地自己创业，成立了盈科公司，果断进军高科技。

在最初几年，他做过一些高科技项目，也取得了一定的收益，在1998年《时代杂志》评选的全球50名资讯科技精英中，他被列入其中，名列第30名。这个成果已经很不错了，但他却并不满足，他决心去做一个更大的项目，扩大公司的影响。

香港特区政府成立了创新科技委员会，这引起了他的极大关注。他想，香港正在努力发展以信息技术为代表的高新科技，可绝对不能错过这个千载难逢的好时机，香港应该建造一个硅谷式的高科技园地，自己正好可以借机大显身手，创造辉煌。

通过考察，他决定在香港大学附近，征地26公顷，建设香港的"数码港"，以容纳至少150家高科技公司。

他四处奔走，与多家高科技公司协商，谋求多方的合作，惠普、雅虎、IBM等八家著名高科技公司对此表现了浓厚的兴趣，使他信心倍增。

他立刻起草了一份开发"数码港"的建议书，亲手递交给资讯科技局局长邝其志。但当时亚洲金融风暴正愈演愈烈，邝其志认为风险太大，不予理睬。

虽说碰了个硬钉子，但他却毫不气馁。过了3个月，他又一次向邝其志提交建议书，提出由盈科公司动用自己的资金进行建设，只要政府把开发权交给他就行了。

邝其志见他如此热心，终于松了口，将他的建议书交给顾问公司进行研究，以确定该项目的可行性。

第四章 勇气：以命相拼，奋勇争先

一个月后，也就是1998年10月，时任特首董建华做了新的施政报告，提出香港要大力发展高科技。他听了报告，非常兴奋，立刻又把建议书向董建华和政府要员曾荫权各递交一份。曾荫权看了，很感兴趣，立刻指派专家前去协助邝其志，以便尽快把这一项目搞起来。

不久，特区政府就开始和他就这一项目举行谈判，经过反复的研究和论证，他终于把"数码港"的建设项目争取到了自己手里。1999年9月，"数码港"第一期工程破土动工，随后就有一批世界著名的高科技公司陆续进驻。美国微软公司总裁比尔·盖茨对此也极其关注，专程到香港访问，与他进行了会谈，对"数码港"的前景给予了极高的评价。

发扬"韧性精神"，坚持到底，最终就必能战胜一切阻力，获得胜利。人常说"失败是成功之母"，不经过失败的考验，胜利的彩虹又怎么会升起来呢？

有一个韩国人对数十名成功人士进行了调查，写成了一篇论文《成功并不像我们想象的那么难》。论文中写道，他所接触的成功人士都是举重若轻、风趣幽默的人，他们把成功看作是一件轻而易举、水到渠成的事情。他们无一例外地都是认准一件自己感兴趣的事情，坚持不懈地做下去，于是成功就自然而然地到来了。

我们常常片面夸大了成功人士在道路上所遇到的艰难险阻，误认为他们一定曾经苦不堪言，而这是不对的。重要的是坚持下去，即使会遇到一定的阻力，但由于自己所干的事是自己感兴趣的，因此乐在其中。

在具体的市场运作中也是这样，当原定的策略遇到了一定的阻力和挫折时，只要认真思考一番，看看既定的方向有没有错误，如果答案是肯定的话，那么就有必要坚持下去，直到最后一刻。

日本SB咖喱粉公司曾面临相当严峻的处境，当时咖喱粉市场供大于求，竞争相当激烈，公司的产品大量积压，经营形势十分艰难。这时田中总经理走马上任，他针对当前的形势，进行了周密的考虑和部署，做出了慎重的决策。

他在日本几家大报上同时刊登了一则巨幅广告，称公司将雇用几架直升飞机，飞到富士山上空，把咖喱粉撒上去，把白雪皑皑的富士山改变颜色。

广告一经刊出，就在整个日本掀起了轩然大波。举国上下都把攻击的

矛头对准了SB公司，富士山是日本的象征，岂能容人如此玷污！尽管也有一些人看出田中是在故布疑阵，但对田中胆敢如此"冒天下之大不韪"深表愤怒，于是也加入到谴责的行列之中来。

这一切早在田中的预料之中，他不动声色，任由谴责的声浪愈演愈烈。在谴责声中，SB公司的大名在日本越来越响亮，达到了家喻户晓的地步，而这正是他所盼望的效果。

到了飞临富士山撒咖喱粉的前一天，他又在各大报刊上做了一个广告，宣布如下决定：鉴于全国上下的一致反对，SB公司决定放弃原定计划。

日本公众兴高采烈，庆祝自己的抗议大获全胜，而这时SB公司也在进行庆祝活动，因为他们完全达到了预期的目的。

田中的这次行动虽说过于狂妄、过于惊天动地，但却义无反顾地坚持到底，才使公司声名远播，许多厂家、商家、小商小贩都争先恐后前来和SB公司洽谈业务，咖喱粉的销售出现了前所未有的良好势头，一时之间居然供不应求，几年后，公司就发展成实力雄厚、影响深远、举足轻重的大公司。

我们都有丰富的才智和充沛的精力，足够我们用一生的时间，异常成功地完成一件事。向着一个目标，坚持不懈地做下去，总有一天我们会满怀喜悦，握住胜利女神的双手。

第五章 谋略：
运筹帷幄，精心布局

  市场竞争同样是离不开谋略的。在做出经营决策之前，要从战略的高度进行一番细致的谋划，全面搜集有关信息，充分考虑市场状况，力争做到目标明确，计划翔实，行动方案经过科学论证，具有较大的把握性，才可投入具体的行动中。

  与市场人士进行谈判，也是需要运筹帷幄、精心谋划的。准备充分，谋而后战，是取胜的重要前提，我们必须十分认真地对待。

 **1. 不打无准备之仗**

经商是需要智慧的，在市场上仅凭血气之勇，一味蛮干，只会碰得头破血流，赔得血本无归。

当对手比自己强大得多时，就要设法寻找到对手的弱点所在，力争把自己的优势发挥出来，以便更迅速地战胜对手。

在进行每一项投资之前，都要充分发挥自己的谋算能力、运作能力、控制能力，对这个项目进行科学论证，以便胸有成竹，最大可能地降低失误，最大限度地获取利润。

行动前做好精心的准备是非常重要的，而这就是我们常说的"谋略"。古人讲"运筹帷幄之中，决胜千里之外"，体现了谋略在战争中的神奇作用。

商战中的谋略同样是决定胜负的关键。毫无准备地去投入经营，就像匆忙应战的军队一样，是注定要吃败仗的。因此，优秀的企业家都对谋略给予了超出寻常的重视，努力把事前的准备工作做充分，精心布局，以求一战成功，收获最可观的利益。

商道，只有运筹帷幄，精心布局，才能果断出击，在对手意想不到的方向展开强大的攻势，快速占领市场，赢得成功。

杰夫·贝索斯是个商业奇才，在30岁那年，他已成为华尔街一家大公司的副总裁，掌握着5000万美元的巨额资产，拥有很高的地位和十分丰厚的薪水，但他却突然做出了一个重大决定：辞职！

当时是1994年，他无意中发现了一个重大商机，网络用户正以每年2300%的速度，呈现出爆炸式的增长。他想，我应该立刻去建立一个网上企业，把它做大，势必能取得非凡的收益。

他清楚地知道，这样做是十分冒险的，他将在一夜之间，失去人人羡慕的地位和丰厚薪水，而能否如愿以偿地成功，还是一个未知数。他经过慎重考虑，最终还是坚定地迈出了自己创业的第一步。

他的辞职决定在一般人看来是十分冒险的，但他却清楚自己并非是一个遇事毫无准备的冒失鬼。在开业之前，他认真地进行市场调查，列出了20多种能在网上销售的商品，然后再从中选出最有潜力的5种，把它们排列了一个顺序，分别是图书、CD、录像带、电脑硬件和电脑软件。

既然图书行业最有潜力，那就开家网上书店吧。但图书市场到底怎么样呢？他又进一步做了调查，惊喜地发现图书的利润相当可观，而且还便于邮寄，是网上销售的最合适商品。

更让他惊喜的是，几乎每个行业都有一个销售巨头在呼风唤雨，但图书市场却没有，这不正是天赐良机吗？

他心里有了底，下定了决心，就开网络书店吧，把自己做成图书市场的巨无霸。

目标已定，但自己却只筹到了100多万美元，资金很不到位，怎么办呢？他决定卖出部分股份，来换取所需的巨额资金。

经过多方奔走，约翰·多尔、温布莱特等一批有远见的投资人加盟进来，使他得到了开业所需的全部资金。1955年7月，他创办的亚马逊网上书店正式开业了。

他为自己的企业确定了明确的战略："要有最多的品种选择，要有最实惠的价格，要有最便利的服务方式，还要有最快的服务速度。"

在很短的时间内，亚马逊网上书店就拥有了1000多万顾客，彻底击败了美国最大的书店——巴诺书店，市值达到了300亿美元，竟比美国最大的两家书店的市值总和还要多。

1997年5月，他公司的股票上市交易，以9美元开盘，到1998年11月，股票竟奇迹般地上涨到了209美元，这给他带来了富可敌国的巨大财富。

他被人们誉为"电子商务教父""网络拓荒英雄"，还"由于革命性地改变了全球消费者的购买方式"而被《时代》周刊评为"本年度封面人物"，成为世界级的著名人物，而这时，他才37岁。

谋略是决策的重要组成部分，只要具备高人一等的商业头脑，敏锐观察市场中的每一点细微变化，精心做好投资前的每一项准备工作，就能很

快地取得投资的收益。

市场人士都要懂得"谋而后战"的道理，谋在战之先，只有"谋"得越充分，才能"战"得越辉煌。

古人说："谋定而后动，未战而预算胜者，得算多也；未战而预算未能胜者，得算少也。算多者，胜也；算少者，败也；若不算，岂有胜之者乎。胜败之理，观乎此。"讲的就是同样的道理。

不论是事关企业全局发展的重大行动，还是某一次具体的营销活动，都是离不了事前的准备工作的。不要嫌麻烦，不要怕耽误时间和浪费精力，要知道，准备工作的充分与否对行动的胜负成败是有很直接的影响的。

对于保险公司业务员喋喋不休的宣传，许多人都十分讨厌，客户的这种态度，会直接影响到保险公司的生意。为改变这一现状，争取到更多的客户，美国布兰希保险公司事先做了多方面的准备。

他们向广大客户发出了几万封信件，信中只有保险证明书、调查表和一张优待券。他们在信中一再声明，他们绝不强迫客户买保险，只是想搞一次市场调查，只要客户把调查表填好，再和优待券一并寄回，就可获得公司赠送的两枚精美古币。

许多客户相信了他们的话，将调查表寄了回来，公司的业务员就按照信上的地址，一家一户地上门拜访，呈上古币任由客户挑选。

在挑选的过程中，业务员和客户随意地闲聊，很快就获得了客户的好感，拉近了双方之间的距离。抓住这个时机，业务员开始大讲保险的好处，并给予一系列诱人的承诺，吸引客户购买保险。

结果，通过这种方法，在很短的时间里，就吸引6000多人参加了保险，收获了巨大的经济效益。

俗话说"磨刀不误砍柴功"，在事前花费一定的时间和精力来做准备工作，对自己的市场经营是大有好处的。做一个时时刻刻有准备的商人，才能在市场竞争中无往而不胜。

第五章 谋略：运筹帷幄，精心布局

2. 计划翔实，目标明确

在商业活动中，做到目标明确、计划翔实，行动起来针对性就会更强，做事就会更井井有条，经营就会更果敢有力，目标的实现就会更容易。

有经验的商家都知道，在确定投资项目之前，一定要选定一个明确的目标，并制订出翔实的行动计划，才能避免盲动的危险，有效地回避经营中的风险，取得预想中的成功。

市场竞争是与赌博绝缘的。任何一个以赌博心理进入市场的人，最终总会赔得一塌糊涂。仅仅凭着血气之勇和一时冲动，就做出投资决策，就如盲人骑瞎马一般，是必定要栽到深沟里去的。

约翰·迈登是个赌场高手，曾经在赌马中赚了100万美元，但他最终却从赌场中退了下来。他说："我在几年前就已退出了赌博，如果我再进赌场，那将会是因为疾病使我的职业嗅觉灵敏了起来。"

有个异常成功的商家曾对他的员工反复告诫说："要牢牢记住，我的公司里不允许有任何一个人去赌博，哪怕是在业余时间也不行。"偏好赌博的人会逐步形成赌博心理，凡事只图侥幸，常常做出不理智的行动，而这与市场中的投资行为是完全相悖的。

头脑发热地做出商业决策，就如同赌博一般，对自己的企业十分有害。大笔的资金投入了进去，能否得到收益，心里完全没底，只是听天由命，走一步算一步，这样的商人又怎能取得成功呢？

我国现代史上的著名民族企业家刘鸿生就十分重视战前的部署。他在做出战略决策之前，总要根据自己获得的信息，进行深入的分析研究，先逐

步形成一个明确的经营目标，随后再围绕着这个目标，进一步搜集相关的信息和情报，全面考虑市场情况和自身的经营状况，制订出一个切实可行的行动方案，把行动的每一个细节都周密地考虑到，对可能出现的意外情况都事先想好应对的措施。直到一切准备就绪，他才下定决心，展开行动。

凯蒙斯·威尔逊是美国的一位亿万富翁，他创办了假日酒店，并把酒店开到了世界各地，拥有多达30万张床位，影响相当巨大。他曾受到两届美国总统里根、布什的接见，成为享誉世界的工商业巨头。

他创办假日酒店的设想来自于一次出游。1951年他开车带领全家到华盛顿旅游，在旅途中他发现竟然找不到一家干净舒适的汽车旅馆来住宿，一家几口合住一间房，孩子睡在地板上，还要加收钞票，这让他十分生气。

他想如果自己开一家服务优越、价格便宜的汽车旅馆，不是会赢得许多顾客，赚进大把的钞票吗？

说干就干，一回到家，他就投入紧张的设计工作中。他画了许多张图纸，把自己的美好设想都画了出来，他还给旅馆起了个好听的名字，叫作"假日酒店"。

建造宾馆式的汽车旅馆，这在美国还是个新生事物。他通过调查，发现驾驶汽车出游的人越来越多，较高档次的汽车旅馆一旦建起来，必将吸引很多的客源。

他对太太说他至少要建400家旅馆，太太非常惊讶，因为这需要很多钱，而他是没有如此雄厚的资金保证的。怎么办呢？他经过反复考虑，终于制订了一个翔实的计划。

他先派人拿着他的商业计划书，找到一家规模比较大的保险公司，声称假日酒店是一项很有前途的投资，请保险公司给他一个书面承诺，在他的酒店建成后向他贷款325万美元。保险公司见有利可图，就爽快地答应了。

接着他又拿着保险公司的书面承诺，去向银行贷款，银行看到保险公司都已经做了担保，当即就同意了。

他就这样取得了一笔巨额的贷款。用"取得承诺"的方式来争取贷款，是他的首创，显示了他的聪明才智和商业头脑。他用这笔资金把酒店建了起来，1952年8月1日，第一家假日酒店正式营业了。

他打出"高级膳食，中档收费"的旗号，使他的酒店兼具汽车旅馆和高档宾馆的所有服务特色,让顾客在这里享受到上帝般的服务。费用相当低廉,他还特别规定,与父母一起住宿的孩子,不另外收费。

假日酒店一开业就十分火爆,常常客满。但光顾的客人绝对不会在这里受到冷落,服务员在客满的情况下,就会把客人介绍到附近的旅馆去,受到了顾客的广泛好评。

在随后的日子里,他采取特许经营的方式,推动假日酒店在美国各地迅速建成。1962年l2月,第四百家假日酒店在印第安纳州隆重开业,他的梦想终于得到完满的实现。

有了目标,有了计划,行动起来针对性就会更强,步骤就会更清晰,做事就会更井井有条,目标的实现就会更容易。

在一般性的工作中,做到了有计划、有目标,就能避免进行大量重复性的劳动,克服人浮于事的机关作风,使自己的每一个员工都能用最少的精力,做出最大的成绩,提高工作效率,这是一个现代化大企业所必须达到的理想境界。

在与竞争对手的较量中,明确的目标和翔实的计划往往是决定胜负的关键因素,商家一定要深刻地认识到这一点。

武田制药公司在台湾市场上知名度很高,他们的产品一直供不应求,获得了很高的利润,也因此成为假药制造者的仿冒对象。在假药的猖狂进攻下,他们的声誉受到了严重影响,市场销售出现了下滑的势头,造成了相当严重的经济损失。

公司对这种现状当然不能熟视无睹,但究竟应该怎么做,才能把假药贩子们一网打尽呢?公司领导进行了反复商议,终于制订了翔实的行动计划,锁定了明确的行动目标。

公司立刻刊登广告,进行一项规模空前的"武田制药爱福彩券"抽奖活动,设立了许多奖项,奖品丰厚,参与的办法又十分简单,只要顾客购买他们的"合利他命F"一盒,并将空盒寄来,同时在盒盖上注明购药者的姓名、住址和出售该药的店名,就有资格参加抽奖。

这次活动吸引了社会公众的广泛参与,成千上万的药盒纷纷寄到公司来。公司专门抽调技术专家,对这些空盒进行鉴定,把假药盒一个一个挑出来,再把空盒上写的药店地址抄录下来,于是造假者的确切情报就被他们完全掌握了。

接着,公司三管齐下,兵分三路,对造假者进行彻底围剿:一路去向误购假药的消费者宣传,讲解假药的危害和识别假药的方法,发动广大消费者自觉行动起来,抵制假药,使假药贩子无机可乘;一路给贩卖假药的药店送去严正的警告,规劝他们自觉改正;一路联合执法机关,对制造假药的地下工厂进行严厉打击,彻底铲除造假者的根据地,击退造假者的阴谋暗算。

由于公司的计划翔实,目标明确,所以成果十分辉煌,造假者的嚣张气焰被有效地遏制住了,公司有力地维护了自己的合法利益。

不管进行什么样的商业活动,都要首先使自己成为一个谋略家、计划家、思想家,才能有的放矢地采取行动,牢牢把握住主动权,取得决战的绝对胜利。

 ## 3. 反复论证,务求必胜

对企业的每一次重大行动,商家也要进行类似的论证工作,多方听取意见,聘请一大批专家,组成"智囊团",以确保自己的决策更可靠,给自己的商业活动增加一道"护身符"。

对一个大型企业来说,每一次商业行动,都要投入千万元的资金,规模是相当大的,收益当然也是非同小可的。不过,如果出现决策失误,所带来的后果也会十分严重,有时甚至是灾难性的。

为保证决策的正确、科学和有效,许多大型企业都聘请一大批专家,组成"智囊团",来对重大决策进行反复论证,力争做到万无一失,因为他们清楚地知道,一旦展开行动,就很难再有回头的余地。

对大型企业是这样,那么那些中小型企业,还有刚刚创建的小型公司,要不要也来做类似的论证工作呢?答案是十分肯定的,一定要做,而

第五章 谋略：运筹帷幄，精心布局

且还必须花大力气，坚决做好。

规模较小的企业投资规模虽小，但所能承受的市场风险也很低，一旦陷入失败的困境，同样也是灾难性的，因此在行动之前做一番深入的论证工作，也很有必要。

当然小企业的投资项目没有大公司那么庞大、复杂，论证工作也就相应简单一些，可以自己来进行论证，也可以花钱聘请专家来做，还可以广泛听取成功者的经验，兼听则明，以便使自己的决策更可靠。

孙正义是出生在日本的韩国移民，从小就饱受日本人的歧视，这激发了他强烈的上进心，他决心通过自己的努力，来获得事业的巨大成功，成为受人尊重的重要人物。

高中还没毕业，他就来到了美国，决心开创自己的事业。他从杂志上剪下一张计算机芯片的图案，时刻带在身边，只要有空就拿出来看看，每天睡觉之前还要反复地看几眼，以激励自己向这个领域去不断努力。

他在美国留学，用勤工俭学挣的很少的一点钱来勉强度日，过得十分艰难。但怎么样才能赚取更多的钱呢？他想来想去，决定去搞发明，卖专利。

他下了狠心，对自己提出了严格的要求，强迫自己必须每天至少用5分钟时间，想出一个发明，然后记在笔记本上。

虽说这样做是十分艰难的，但他硬是咬牙坚持了下来。一年后，他的笔记本上已经记下了550个发明设想。他对这些设想进行反复比较，认真筛选，最后决定先发明其中的"有声多国语言翻译机"。

他认为各国交流正在前所未有地增多，把这种翻译机放到机场、车站、宾馆等外国游客很多的地方，一定会派上很大用场，前景应当十分乐观。

项目确定了，但他却不具备发明的条件，那么找谁来研制呢？他考虑了很久，决定去拜访半导体声音合成芯片的发明人、伯克利著名教授莫扎。莫扎被他的真诚所打动，答应成立研制小组，来研制这种翻译机。

没过多久，翻译机就研制成功了，他带着这种产品，回到日本推销，但总是碰壁。他不甘心失败，继续找一家家大公司推销，几乎跑断了腿，功夫不负有心人，终于，夏普公司用一亿日元买下了他的产品。

他飞回美国，把一半钱给了研制小组，剩下的钱用来成立自己的公司，大约有200万美元，公司成立起来了，他开始在校园内经营游戏机。

虽说有了一定的收入,但他并不满足,他决心继续进取,向着自己的人生目标不断努力。

这年他21岁了,他又用了一年的时间,按照原来的老办法,把自己能够想到的经营项目一个一个地列在笔记本上,最终一共列出了40多个项目。

他对这40多个项目挨个进行了市场调研,详细制作了它们在10年内的预想损益表、资金周转表和组织结构图。每一个项目的调研都是一个浩大的工程,光资料就有三四十厘米厚,40多个项目的资料叠加起来,竟有10多米高。

这可是个十分艰难的选择,每个人就这一辈子,路走错了,再想回头,就晚了,输不起啊。

他制订了相当严格的选择标准,从以下4项入手:一看能不能赚大钱,有没有很好的前途,二看能不能使他自己全力以赴地投入至少50年,三看在未来的10年时间内能不能使他成为全日本第一,四看别人能不能很容易地摹仿到。他按照这4个标准给40多个项目一个一个地严格打分,再按照分数高低,来确定自己的投资方向。

经过这番复杂的严格论证,最后计算机软件批发成了他的首选。目标确定之后,他立刻开始行动,于1981年他投资1000万日元,创办了软库公司。

随后他和日本哈德森公司签订了独家代理合同。哈德森公司是日本软件行业的巨无霸,每年生产800多万种软件,第二年,他就成为日本最大的软件批发商。

1994年,他的软库公司股票上市,很快股价就达到160美元,他拥有公司将近一半的股份,也就是说他至少拥有35亿美元的个人财产。

孙正义的成功就是论证工作的成功,有了严密的论证,他选择的目标才是收益最大的,他制订的行动方案才是最切实可行的,那么他最终的胜利也就有了十分可靠的保证。

在每一项具体的营销活动中,也同样要做大量的论证工作,这有助于提高活动的效率,增强活动的条理性和组织性,以收到更佳的营销效果。

艾柯卡被誉为"销售奇才",他在福特汽车公司主管销售重任,通过精心的策划,获得了非凡的成功,为公司赚取了可观的收益。

第五章 谋略：运筹帷幄，精心布局

当时"野马"汽车刚刚研制成功，即将推向市场，为了达到一鸣惊人的效果，艾柯卡事先准备了多套方案，进行反复论证，以确保万无一失，营造出轰轰烈烈的局面。

事实正按照他的谋划在有条不紊地进行：他首先举办了规模很大的"野马汽车大赛"，特邀各大报社的记者前来采访报道，宣传的声势就此展开了。

在汽车上市的前一天，他又投入巨资，买下了美国2600多家报纸的整版广告，发布这一重大信息，使全国上下妇孺皆知。在最有影响力的《时代周刊》和《新闻周刊》上，他还特别刊登了新颖别致的广告，用一句"真想不到"的感叹来强化"野马"的形象。

与此同时，他还在各大电视台反复播放"野马"广告，为汽车的销售助威。

在全国的各个大型停车场，他还别出心裁地购置了停放"野马"汽车的专门位置，并在旁边矗立巨幅广告栏，用来提醒广大用户，这里是"野马栏"。

在最为繁忙的公众场合，如飞机场、大酒店等处，他还耗费大量的人力物力，把一辆辆漂亮的"野马"汽车陈列出来，吸引了千万人的目光。

他还没忘利用邮政的功能，向全国各地的几百万小汽车用户邮寄了广告宣传品，把"野马"的广告做到了国内的每一个角落。

由于事先准备得十分充分，论证得十分严密，所以宣传的行动一展开，就立刻在全国卷起了一阵狂飙，获得了出人意料的极大成功。原先预计在第一年销售5000辆，结果"野马"汽车居然供不应求，石破天惊地销售了418 812辆，是原计划的8倍。"野马"汽车进入市场两年之后，就收获了高达11亿美元的纯利润。

艾柯卡的成功首先应归功于事先的精心谋划、反复论证，他巧妙地把多种广告媒体和广告方式融为一体，形成了铺天盖地的广告战，创造了广告史上的一个辉煌，也为他的事业创造了一个奇迹。他被人们誉为"野马车之父"，功绩卓著，声名远播。

论证工作看起来很繁琐，但却是商业活动中必不可少的一个环节。对这一工作给予应有的重视，就给自己的商业活动增加了一道"护身符"，最终胜利也就会水到渠成地来到你面前。

4. 准备多套应急方案

市场竞争存在着太多的变数，只有提前准备多套应急方案，才能使自己在风云变幻的市场中立于不败之地，在求得生存的基础上，再去谋取进一步的发展。

在确定经营策略的过程中，我们必须提前考虑到多种意外情况，如果现行的这套策略实施得不顺利，甚至完全遭受失败，自己应该再采取什么办法来挽救？

多准备几套应急方案，就能让自己有备无患，不管面对什么样的不利处境，都能应对自如、胸有成竹。

美国有一个书商，出了一本新书，不料投入市场之后，却毫无反应，销路不畅。他想来想去，想出了一个办法，于是就费了九牛二虎之力，打通各种关节，终于把这本书送入白宫，放到了总统的书桌上。

总统很忙，当然没有时间把书细看一遍，只草草看了一下，就礼貌性地给了一句评语："这本书还不错。"

书商一听，顿时喜出望外，立刻打出广告，到处宣传："现有美国总统欣赏的书出售。"立刻吸引了公众的注意力，这本书很快销售一空。

过了一段时间，他故伎重施，又把另一本书给总统送去。总统上过一次当，对他很恼怒，就说："这本书很不好。"书商听了，如获至宝，立刻四处宣传："现有美国总统批评的书出售。"于是，这本书也很快卖完了。

几个月过去了，他又如法炮制，把第三本书送给总统阅读。总统上过两次当，如何肯再被他利用？当即把他的书扔到一边，连正眼都不看一下。他灵机一动，又到处做起广告："现有总统无法评论的书出售。"于是这本书也卖得十分火爆。

看看，这个书商有多狡猾，不管总统采取什么态度，都会被他精明地利用，为自己的产品提高知名度。

这几套应急方案真可以说是滴水不露，总统愿意也罢，不愿意也好，都会成为书商手中的一张王牌，使书商稳操胜券。

市场竞争存在着太多的变数，有许多情况是我们无法预料到的。"天有难测风云，人有旦夕祸福"，各种意外情况都可能突如其来地降临，只有提前准备多套应急方案，才能有备无患，在任何情况下都从容不迫、泰然自若。

尤其是在异常危难的形势面前，多方准备，立足于最坏情况的出现，提前想好对策，就能最大限度地化解危机，为自己赢得艰难的转机。

三井物产公司是日本的一家大公司，在竞争对手三菱公司的强劲攻势面前，一败涂地，仅剩下一座三池煤矿，勉强维持经营。但三菱公司并不善罢甘休，继续穷追猛打，企图把三池煤矿也夺到手里，让三井物产公司彻底灭亡。

三池煤矿是当时日本最大的的一座煤矿，虽说经营权还在政府手里，但销售权却一直由三井物产公司所拥有。三菱公司多方游说，疏通关节，终于说服政府进行公开招标，来决定煤矿的最终归属。

招标定在当年的7月30日，8月1日开标，底价是400万日元，必须预付100万日元作为保证金，剩下的300万日元于15年内逐步付清。

三井物产公司的处境已经十分艰难，连100万日元的保证金都拿不出来。董事长益田孝四处求借，才好不容易把钱筹齐，按时交上了保证金。

在投标的价格上，益田孝更是坐立不安，定不下来。他猜不透三菱公司到底会定出什么样的标价，而他只想比对方高出一点点，他是没有足够的实力来喊价的。

考虑了几天几夜，最终他想了一个办法，他先用自己的名字投了410万日元，觉得把握不大，又用假名字投了455万日元，觉得还不够稳妥，再在后面添上了5000日元，变成了455.5万日元。

投标价格确定了，但他又觉得很心疼，价格太高了，他的经济很紧张，万一三菱公司的标价没有那么高，自己岂不是要白白多花几十万的冤

枉钱吗？这么一想，他就又投了一标，定在427.5万日元。

这样一来，他的心里才踏实了一些，但在开标的前一天，他还是紧张得一夜没合眼，毕竟这对他来说，是一场生死之战啊！

开标的结果公布了，三菱公司投标455万元，益田孝以5000元的微弱优势战胜了对方，保住了三池煤矿。后来，他又付出了异常艰苦的努力，对煤矿进行苦心经营，终于使公司起死回生，重新赢得了发展的良机。

在市场运营中，如果把所有的投资都集中在一个领域中，固然有很多好处，可以集中兵力，造成对自己有利的局部优势，以便更快地取得阶段性的胜利。但同时也意味着比较大的市场风险，一旦在这个领域出现十分不利的局面，那么自己就将陷入十分被动的困境。

为避免这种情况的出现，许多商家都采取了"多元化经营"的策略，即分散投资，在多个领域同时出击。即使在某个领域遭遇不测，还会有其他领域的经营在支撑大局，不至于落到全军覆灭的下场。

霍英东是香港市场上的经营能手，被人誉为"生意场上的中锋"，他发挥自己在足球场上敢拼敢抢的精神，在香港市场上横冲直撞，经营的范围涉及十几个领域，项目又多又杂，令人目不暇接。

他曾先后涉足建筑、航运、酒楼、旅馆、杂货、淡水等领域，形成一个十分庞大的工商业体系。在这些领域中，他倾注了较多精力的行业是房地产，收益也最为可观。

我们不能不惊叹他精力的充沛和体能的旺盛，竟能把如此众多又互不关联的生意同时兼顾到，而且还都做得那么成功。他乐此不疲地在众多的行业中施展手脚，因为他十分清楚，即使某一行业出现了市场疲软的状况，影响了他的生意，但他在其他领域的收益却完全可以弥补损失，他照样在收获财富。

能够从最坏处着想，多准备几套应急方案，就可以使自己在风云变幻的市场中立于不败之地，在求得生存的基础上再去谋取进一步的发展，为自己拓展更广阔的市场空间。

第五章 谋略：运筹帷幄，精心布局

5. 把竞争对手引入圈套

进行精彩的布局，设置一些令人防不胜防的圈套，诱使对方上钩，就能有效地击败对方，壮大自己，取得市场竞争的辉煌胜利。

俗话说"同行是冤家"，同处在一个行业中，进行着你死我活的竞争，只有把对手彻底击垮，才能使自己迅速壮大起来，这是放之四海而皆准的真理。

石油大王洛克菲勒为了挤垮自己的竞争对手，曾经设下十分毒辣的圈套，把众多的对手们置于无法求生的绝境，然后再把它们一个一个地吞并掉。

当时美国内战刚刚结束，国民经济得到了强劲增长，刺激得石油行业一派繁荣。商家见有利可图，都纷纷前去开采油井，致使石油生产严重过剩，供过于求，油价不断走低。"石油生产者联盟"进行了强有力的干预，但也只能使油价勉强维持在每桶4美元左右。

实力强大的洛克菲勒正以他的标准石油公司为依托，野心勃勃地向外扩张。他制订了一个计划，先抽调巨资，向石油商们宣布，自己打算以每桶4美元75美分的高价进行大量收购。石油商们一听，顿时喜出望外，本已面临困境，现在好了，大救星来了，于是他们迫不及待地与洛克菲勒签订了协议，然后又放心大胆地去开采石油了。

但他们都太天真了，他们甚至连协议的内容都没有细细研究，以至于疏忽了十分重要的字眼：在协议上，并没有写明洛克菲勒会把他们开采的石油全部都收购，也没有写明收购的时间是几天、几月还是几年。这些本不应有的疏忽，将在不久的将来，对他们造成毁灭性的打击。

101

洛克菲勒付出了一笔巨资，诱使石油商们中了他的圈套，于是新的油井不断被开掘出来，石油产量越来越高。洛克菲勒见时机成熟，就立刻宣布，目前石油供应严重饱和，他已无力再继续高价收购，只好将原协议中止，改以每桶2美元50美分的超低价格来收购。

惊闻此讯，石油商们欲哭无泪：他们已经开采了更多的油井，如果不向洛克菲勒出售石油，就只能破产；如果以低价出售，同样是亏损累累，走向最终的破产。在进退都是死路的绝境中，他们只好把自己的油井低价卖给了洛克菲勒。

原属石油生产者联盟的绝大多数企业就这样被洛克菲勒吞并了，联盟土崩瓦解，而洛克菲勒的石油帝国却从此崛起了。

为确保这一计谋的顺利实施，老奸巨猾的洛克菲勒还抽出巨资，完全控制了铁路运输权。他非常清楚，如果不把铁路运输抓到自己手里，就会让石油商们通过铁路把石油运往别的地方，寻找到别的市场，也就等于给竞争对手留下了一条生路，而这是完全不能容忍的。

洛克菲勒的吞并策略，布局完美，环环相扣，招招狠辣，毫不留情，最终把对手们全部引入圈套中，如同瓮中捉鳖，手到擒来，令人叹为观止。他强大的经济实力是这一计谋的坚实基础，很难想象，一个实力平平的商家，就是有再大的野心，又怎能把这么多的竞争对手们都一战全歼呢？

洛克菲勒所设置的圈套是完美而狠辣的，他的经商手段和狼又是多么的相似，只有像狼那样富于智慧又心如铁石，才能做出这样精彩的布局，把竞争对手一口吞下。

我们设置的圈套在多数情况下都是给竞争对手的，但在有的时候，我们也会把一些小小的圈套送给自己的合作伙伴，为的是增进双方的合作基础，为自己赢得更有利的局面。

日本索尼公司在成立初期，率先开发了小型晶体管收音机，总裁盛田昭夫专程携带新产品赶赴美国，为打入美国市场进行商业谈判。

经过一番奔波、宣传，他与美国一个著名的经销商相识。那个经销商对他的产品很是看好，让他详细开列从5000、1万、3万、5万到10万台收音机的报价单。

他非常兴奋，一下子遇到这么一个大买主，公司就会很快财源广进了。但转念一想，不行，索尼公司还处在初创阶段，规模很有限，每月

第五章 谋略：运筹帷幄，精心布局

的生产能力只有1000多台，如果贸然接下这么大的订单，是会把企业压垮的。如果强行扩大生产规模，必然要加大投资，所要冒的市场风险也是相当大的。

然而如果放弃这笔订单，又显得十分可惜，像这样的大买主，很不容易遇到。机会稍纵即逝，错过了这次机会，对公司的负面影响也将是长期的。

他陷入了长久的思考中，终于想出了一个办法，于是就列出了一个十分奇特的报价单：以5000台为起点，1万台的报价最低，之后逐步回升，10万台的单价最高。

那个经销商看了，很是惊讶，忙问为何如此。盛田昭夫据实相告，经销商听了，对他竖起了大拇指，连连夸他想得周到，接着就与他签订了订购1万台的合同。

索尼公司在此基础上，经过几十年的发展，创造了辉煌的奇迹，成为举世闻名的世界品牌。

有了精心的谋划，就有了令人防不胜防的圈套，这样的谋略每时每刻都在市场中出现，闪耀着智慧的夺目光芒。就以那些眼花缭乱的广告来说吧，何尝不是一个个诱人的圈套，在抛向消费者，图谋着把消费者引诱上钩呢？

黄楚九是个头脑相当灵活的大商人，在20世纪的上海滩，他通过经营药品发达起来，成了当时首屈一指的大富翁。

但他并不满足于仅仅经营药店，为了和英美烟草公司争抢市场，他特意开了一家福昌烟草公司，独树一帜地推出了"小囡牌"香烟。

为扩大影响，他特意包下《申报》《大公报》等几家上海大报的第一版广告，一连几天地刊登。

第一天，整个版面上只有一只硕大的套红鸡蛋，旁边没有一个文字说明，引得人们议论纷纷，急切地盼望第二天的报纸，想看个究竟。

第二天，版面有了新的变化，上面出现了一根小孩子的发辫，这更勾起了读者的好奇心。

到了第三天，一个胖胖的小娃娃出现在报纸上，但仍没有出现一个字的文字说明。

第四天的报纸到了读者手中，大家这才得到了谜底，上面写着一行大字"祝贺大家早生贵子",下面宣布福昌烟草公司特向大家敬献"小囡牌"香烟,在"小囡"降生的大喜日子里,公司特向读者诸君赠送红鸡蛋。

读者这才恍然大悟,心里立刻对这种香烟充满了急切的渴盼之情。

谁知更奇的还在后面,黄楚九当真说到做到,亲自坐着汽车,走街串巷,把红鸡蛋送到人们的手中。

这样一来,"小囡牌"香烟就成了上海人谈论的中心,人们无不以品尝这种香烟为乐趣,于是英美烟草公司的生意明显萧条下去。

圈套是自己设置给别人的,但与此同时,别人也会设置一些相当险恶的圈套来诱逼我们,在商场上跌打滚爬的人们一定要提高警惕,以防自己一时不慎误入别人的圈套中,落得惨败的可悲下场。

6. 谈判桌上的较量

只有充满耐心,富于机智,才能把握住谈判的主动权,牵着对方的鼻子走,在谈判桌上取得意想不到的收益。

古人说:"三寸不烂之舌,胜似百万雄师。"在企业运营中,是少不了与合作伙伴、竞争对手进行商业谈判的。市场中的成功者全都是谈判的高手,他们善于通过谈判为自己争取更大的利益,为日后的发展打下基础。

在谈判桌上,双方都显得和颜悦色,彼此似乎十分投机,谈笑风生,但当事双方却都十分清楚,大家心里都是有一个"小算盘"的,不到最后阶段,谁都不会轻易地把自己的底牌亮出来,而是都在千方百计地寻找对方的破绽,以便为自己争取更有利的局面。

谈判桌上的较量不仅是实力的较量,而且更是智慧的较量、胆识的较量、毅力的较量、耐心的较量。能笑到最后的人,往往具备非凡的胆识与智慧,能在一派和气中,耐心地等待机会,精心布局,引诱对方上钩。

第五章 谋略：运筹帷幄，精心布局

约克·皮尔庞特·摩根是美国华尔街的风云人物，也是一个既智慧又狠辣的商场枭雄，他创立了庞大的摩根体系，一度控制了全美国将近四分之一的资产，富可敌国，令人望而生畏。

石油大王洛克菲勒同样不是一盏省油的灯，他用尽各种手段，挤垮了众多的竞争对手，建立起了庞大的石油帝国。

这两大巨头坐到谈判桌上，双方斗智斗勇，就显得异彩纷呈了。

梅瑟比矿山富含铁矿，正被洛克菲勒占据着，但可惜的是，洛克菲勒却对它的价值毫不知情，致使铁矿迟迟得不到开采。

摩根得知消息，就立刻决定，想方设法把它买下来，由自己来组织开采。于是他亲自登门，向洛克菲勒说明来意。洛克菲勒并不清楚他此举的意向，就含糊地表示自己已退居二线，公司已经交给自己的儿子来管理了。

摩根碰了钉子，知道洛克菲勒老奸巨猾，不好对付，就决定直接会见小洛克菲勒，从小洛克菲勒这里打开突破口。

小洛克菲勒一见摩根，就立刻声明，这座矿山是绝对不卖的。摩根只是抽着雪茄，微笑着盯着他，盯得他一阵惶恐，然后摩根突然问他："你到底要卖多少钱？"

小洛克菲勒更慌了，他没想到狡猾的摩根早已看透了他心底的秘密，刚才声称不卖，正是为了后面的漫天要价。事已至此，他就只好报价了，艰难地吐出"7500万美元"这几个词。

摩根笑了，笑得更加迷人，他早已做过调查，知道洛克菲勒购买这座矿山只花了50万美元，显然这个报价十分离谱，简直是在讹诈了。他又意味深长地盯着小洛克菲勒看了好几分钟，然后与他握手告别。他心里清楚，洛克菲勒才是真正的当家人，对小洛克菲勒，只要给予足够的震慑、摸清他们的底牌就足够了。

过了几天，他又一次拜访洛克菲勒，他直截了当地指出7500万美元简直是个天大的玩笑，任何人都是不可能接受的。他愿意双方合作，他拿自己炙手可热的US钢铁公司股票来交换这座矿山。US钢铁公司股票在当时是十分吃香的，他本不愿意让给洛克菲勒，但和7500万美元的天价相比，还是十分划算的。

洛克菲勒听了，心里非常高兴，他对US钢铁公司股票早已垂涎三尺，现在终于可以得偿所愿了。但他绝不愿意十分爽快地答应对方，而是故意

做出一副考虑考虑的姿态,以便再为自己争取一些利益。

一个星期后,在洛克菲勒的授意下,小洛克菲勒去和摩根正式谈判,进行了一番激烈的讨价还价,最终签署了协议。摩根付出了一定的代价,终于把这座矿山收归自己名下。

在这场艰难的谈判中,摩根始终掩藏起了夺取矿山的真实目的,展现给对方一派和善的外表、一脸真诚的笑容,他有时谈笑风生不动声色,有时威风凛凛不可侵犯,或抛出诱饵引其上钩,或斤斤计较讨价还价,把阴谋和智慧运用得十分彻底,最终达到了自己的目的。

谈判作为商战中的一个策略和手段,是需要掌握高超的人际交往能力和技巧的,它通过面对面的交锋,以口舌之争,把双方智慧的高下充分展示了出来。

在谈判之前,一定要做好充足的准备,切实了解对方的动机、需要、长远目标,透彻掌握对方谈判人员的个性、心理、权限,还要充分考虑谈判的时间、环境、地点,为自己制订出切实可行的谈判策略,才能做到有的放矢,把谈判的主动权始终把握在自己手里。

对自己的谈判人员,必须全面考察他们的各方面素质,要求他们必须具有灵敏的反应能力、深刻的理解能力、流利的口头表达能力、高度的外语会话能力等。谈判人员选派恰当,就能在谈判桌上轻松地击败对方,收获超出预期的利益。

在谈判的过程中,要特别重视谈判技巧的运用。要根据对方的具体情况,决定谈判策略的具体运用:攻要攻得有理有据,绵里藏针;守要守得滴水不露,坚持原则。该忍则忍,该争则争,进退有据,攻守适度。"有理、有利、有节",是谈判过程中必须遵守的三大原则。

自己的原则立场要毫不动摇地坚持到底,在谈判过程中可反复陈述自己的观点,言辞恳切地表达自己的诚意和立场。遇到谈判不畅的时候,千万不可感情用事,交易不成友情在,即使谈判不成功,只要保持业务上的往来,就能给下一次合作打下基础。一言一行都千万要慎重,一丁点儿出言不慎,就有可能被对方抓住把柄,趁机进攻,使自己陷入被动。

如果在正式的谈判场合无法达成协议,那么还可以寻求场外的非正式谈判。由于缺少了正式场合的严肃气氛,双方就有了心平气和进行交流的机会,谈天说地,饮酒吃饭,娱乐消遣,就有可能取得某种共识,再进一

步达成最终的协议。

在谈判的全过程中，要想方设法地摸清对方的底牌，掌握对方更多的情报，以确定自己在谈判中的至关重要的几个环节。但在这样做的时候，一定要牢牢记住，对方也会采取同样的手段来探听自己的虚实。

谈判是一项极费智力、精力的艰苦工程，需要我们付出极大的热心、耐心、细心才能完成。仅仅靠着三言两语、杯来盏往的交情就搞定，是很不现实的，也是注定会失败的。

有太多太多的问题都需要时间去解决：对对方的了解程度，对对方心理和需求的把握程度，对双方合作的风险与收益比例，对达成协议的症结性问题，等等，还有双方之间存在的巨大分歧，更是需要用时间来慢慢弥合。因此我们一定要树立打"持久战"的决心，绝对不能急于求成，使协议向着有利于对方的方向倾斜。

美国的一家大型航空公司计划筹建航空站，但建设费用过于高昂，致使筹建工作遇到了很大困难，其中电力公司的电价一直居高不下，对筹建工作影响甚大。为改变现状，航空公司派出代表，前去与电力公司谈判，希望能使电费更优惠一些。

但电力公司又怎么会把手里的利润白白让出呢？因此他们坚决拒绝了降低电价的要求。航空公司顿时大怒，向电力公司发出最后通牒，宣称如不答应自己的条件，就将放弃使用电力公司的供电，而决定自建发电厂。

电力公司立刻慌了，失去了航空公司这个大客户，电力公司的效益将大受影响，和优惠电价相比，实在是微不足道。两相权衡，电力公司马上登门道歉，爽快地答应了航空公司的全部要求。

电话谈判是一种省时、省力、成本很低的谈判方式，常常能在很短的时间里达成口头协议，但谈判的不可靠程度与所带来的风险都是相当高的，如果不是相知甚深的商业伙伴，或是已经具备了一定的谈判基础，都不要奢望采取这种省事的方式。

不管是哪种方式的谈判，只要自己准备得比对方更充分，局面就会对自己更有利一些。谈判人员务必以高度的责任感和强烈的事业心，娴熟地使用各种谈判技巧，为自己的企业争取更大的利益，开创更大的发展空间。

第六章 方法：
选择时机，耐心等待

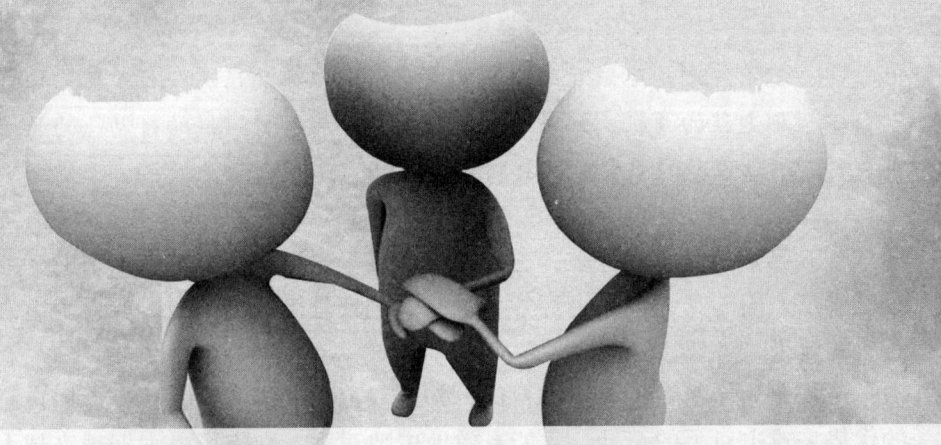

　　不论是谁，都会有懈怠的时候，都会有糊涂的地方，如果抓住这样的时机，进行攻击，往往能收到事半功倍的成效。

　　市场人士要搜集翔实而可靠的情报和信息，对市场态势和对手的情况有深入的了解，耐心等到最佳的商机出现，再神不知、鬼不觉地把自己的计划付诸行动。

 1. 知己知彼，百战百胜

只有深刻地了解对手、了解自己，对双方的情况一目了然，才能捕捉到更佳的商机，针对对方的弱点，开展有针对性的行动，为自己的经营活动找到更合适的突破口。

"知己知彼，百战百胜"这句名言，最早是由军事家总结出来的，如今已成了人们的共识，运用到各行各业，尤其是市场竞争中，取得了出人意料的效果。

要深刻地了解对手、了解自己，知道双方的优劣所在，善于运用自己的优势来攻击对手的短处，才能有效地击败对手，在市场中占据越来越大的份额。

石油大王洛克菲勒为把自己的竞争对手彻底挤垮，使用过许多恶毒的阴谋，进行过多次漂亮的攻击战，取得了一个又一个胜利，吞并了一家又一家公司。

洛克菲勒之所以会所向无敌，是因为他对每一个竞争对手都十分熟悉和了解，完全摸透了他们的心理需要和人格弱点，真正做到了知己知彼，如此便可充分利用他们、联合他们，又打击、遏制他们，使他们乖乖地听从自己的调遣。

湖滨铁路董事长华特森和宾夕法尼亚铁路董事长斯科特是两个野心勃勃的家伙，企图联合起来控制铁路运输。为争取有力的外援，华特森代表斯科特前来拜见洛克菲勒，并向他提出了"铁路大联盟"的构想。

洛克菲勒顿时喜出望外，他对这两人早有了解，对铁路运输也有很浓厚的兴趣，现在机会送上门来，他岂有白白放过之理？华特森向斯科特通

第六章 方法：选择时机，耐心等待

报后，斯科特又再次登门，进行进一步协商，终于议定了商战史上一个十分恶毒的阴谋。

他们签署了秘密协议，然后双方联合成立了"南方改良控股公司"。洛克菲勒承诺尽全力支持斯科特"铁路大联盟"的构想，把所有运输石油的铁路公司联合在斯科特的旗帜下，共同把其他竞争对手挤垮。斯科特则请洛克菲勒选择石油公司来加入这个联盟，以给这些公司提供优惠的运输条件的方式，把其他被拒门外的石油公司完全摧毁。

随后，石油的铁路运费就出现了空前的猛涨，在一夜之间就突然飙升32倍，许多石油企业顿时目瞪口呆，不知所措，因不堪承受高昂的运费而纷纷倒闭。

而加入了联盟的洛克菲勒及其同伙的石油公司却享受到优惠一半的铁路运费，在竞争中明显占据了优势地位，很快他们就把那些倒闭的石油企业吞并了。

洛克菲勒以支持"铁路大联盟"的形式与斯科特结成了盟友，满足了斯科特的野心，但洛克菲勒老奸巨猾，绝不满足于已有的成果，他早就做好了吞并斯科特的计划，正在有条不紊地实施之中。

他重新组建了"石油生产者联盟"，向斯科特宣战，要求给予更高的优惠。同时他又专程前去拜访斯科特的老对手范德比尔特和古尔德，结成了三方联盟，共同对付斯科特，斯科特顿时陷入四面楚歌的境地。

接着，他又想方设法降低自己的生产成本，以低廉的价格向斯科特的大本营匹兹堡进行大规模的倾销，逼得斯科特走投无路，只得宣布破产。

洛克菲勒出资340万美元，买下了斯科特的全部企业，从此，整个大西洋沿岸的原油开采、铁路运输和市场价格都被他一手垄断，他的石油帝国就这样建立起来了。

在大鱼吃小鱼、小鱼吃虾米的弱肉强食中，做到了知己知彼，就为自己的胜利提供了可靠的保证。而在经营活动中，掌握了对方的心理，了解了对方的喜好，对对方的弱点开展有针对性的经营就会取得卓有成效的成果。

日本丰田汽车公司为把自己的小型摩托车打入美国市场，费尽了心机，想出了不少营销办法，比如聘请棒球明星、摇滚歌星轮番上阵，大肆

吹捧，但效果并不理想。

本田公司对美国青年的心理进行了深入调查，得知美国青年有追求怪诞的倾向，于是别出心裁地制作了一则广告：

一串串荒诞不经、莫名其妙的字符在黑色背景的荧光屏上闪电般地变幻着："我是谁？""我长得丑吗？""狗能思想吗？"等等，强烈刺激着人们的神经，让人如堕五里雾中，完全摸不着头脑。

与画面相配的声音更是千奇百怪，猛烈地冲击着人们的耳膜：玻璃落地的碎裂声、炸弹爆炸的轰鸣声、孩子们欢乐的嬉笑声等交织在一起，让人感受到前所未有的新鲜刺激。

这些极其混乱的声音和画面即将结束的时候，突然冒出了一句斩钉截铁、掷地有声的话："最新型的本田五十型摩托车，即使尚未尽善尽美，但它也绝对不会有什么问题。"

这则广告正对美国青年的胃口，把杂乱无章的词句、图像、声音毫无目的地排列在一起，形成了极其荒诞的氛围，给惯于定式思维的人们以强烈的刺激，吸引了美国公众的关注，扩大了自己的知名度，并逐渐打开了销路，占领了美国市场。

"知己知彼"是"百战百胜"的前提条件，只有对双方的情况一目了然，才能捕捉到更佳的商机，为自己的商业活动找到更合适的突破口，取得市场竞争的更大胜利。

2. 获取信息和情报

作为行动的依据，信息和情报是市场决策最首要最可靠的依据，只有更充分地获取信息和情报，才能对市场竞争的全局有深刻的了解，才能对竞争对手的情况了如指掌，从而采取有针对性的行动，更有力地战胜对手。

第六章 方法：选择时机，耐心等待

在商业运营中，有一个词被不同的人、在不同的场合反复地提到，这就是"信息"。

信息和情报关系密切，就如一对孪生兄弟，是当代市场人士竞相追逐的目标。

信息和情报又不完全相同。信息具有更多的公开性，现代色彩更浓，而情报则具有更多的隐蔽性，神秘色彩更重；信息大多都能通过公开的手段获得，比如报刊、电视、权威部门发布的特定信息，等等，而情报则属于保密的范畴，只能通过间谍活动、重金策反等手段，神出鬼没地获取。

信息和情报都是市场决策最首要最可靠的依据，都是战胜对方必不可少的锐利武器。只有更充分地获取信息和情报，才能对市场竞争的全局有深刻的了解，才能对竞争对手的情况了如指掌，从而保证自己能做出有针对性的决策，更有力地战胜对手，更迅速地占领广阔的市场。

日本各大企业为了在我国开拓更广阔的市场，都不遗余力地搜集我国的信息和情报，大到政治军事经济领域，小到某个城市某一天的商品销售价格，全都详细汇编成册，以便随时查阅。我国的各种报刊，包括一些地方小报，都被他们认真地搜集起来，以便从中发现有用的商业信息。

这些翔实、可靠的信息和情报，为日本企业进军我国市场提供了决策的重要依据。现在在我国城乡，到处都能见到日本企业成功的身影，就是这些信息和情报所带来的必然成果。

获取信息和情报的手段是多种多样的：对那些秘密、绝密级的情报，只能派出间谍，通过非常手段来获得；报刊杂志上的三言两语的报道，也能向我们传达一定的信息，就看我们能不能敏锐地捕捉到，并做出准确的判断了；还有，电脑、网络、传真机等现代化设备进入了市场竞争的广阔领域，使信息和情报以前所未有的速度向世界各地广泛扩散，虽说里面鱼龙混杂，但只要具备一双慧眼，就一定能从中挖掘出大量有价值的商业信息，为自己所用，以抢占市场先机，攫取可观收益。

信息浩如烟海，情报真假难辨，市场人士大都明白它们的价值所在，但能够成功地运用它们的却寥寥可数。有的商家不惜一掷千金，买回了数量可观的信息和情报，但却无法断定它们的真伪，无法评估它们的价值，致使大好商机与自己失之交臂。还有的商家运气更差，上了假信息、假情

报的当，做出了错误的决策，使自己损失惨重。

这就提示我们，对搜集到的信息和情报必须要做一番去伪存真的工作，做出科学的判断，再进一步形成具有指导意义的正确决策。

在鉴别的过程中，一定要慎之又慎，对情报和信息进行反复的分析、比较、综合和验证，绝对不能因主观原因而影响了鉴别的准确度，一定要客观、客观、再客观，沙里淘金才能做出正确的决断。

被誉为"金融奇才"的美国金融大师乔治·索罗斯在华尔街呼风唤雨，多次创造了举世瞩目的奇迹，他曾经在一次交易中净赚10亿美元，令人叹为观止。

他的秘诀之一就是高度重视信息和情报，他订阅有大量的商业报刊，每天都要认真地阅读，以便发现有价值的新闻，为他的投资提供依据。与此同时，他还和国内外的数千家公司建立了经常性的联系，在与他们的信息往来中，他能更迅速地抓住投资机会。

对国内外的政治、经济、社会动态他也是十分关注的，通过对这些动态的分析和研究，他能够正确地判断出证券市场的未来走向。对于具体的上市公司，他也花了大量的精力，更全面地掌握他们的经营状况，以便做出正确的投资决策。

1973年10月，中东战争爆发。开始阶段，以色列军队在埃及、叙利亚军队的打击下，损失惨重，大量的飞机、坦克被炸毁。索罗斯看到这些报道，立刻联系到自己的证券投资。他深知以色列的背后站着美国，以色列的失败与美国关系甚大。以色列之所以失败，就是军事装备落后了，这意味着美国的军事装备同样有待改进，这样一来，军工企业势必会有一个较大的发展。

当时美国的军工企业很不景气，股价很低，成为没人投资的垃圾股。要不要大量买进呢？他仍不放心，又专程来到华盛顿，与国防部的官员交谈，从中获取有价值的信息；然后他又找到军工企业的承包商，宴请他们，从他们嘴里探知有关情报。

经过一番细致的情报、信息搜集工作，索罗斯得出了结论：自己的判断是正确的，应该立刻买进军工企业的股票。于是他投入巨资，进行大量买进。果然没过多久，这些股票的价格都直线上扬，他大大地赚了一笔。

及时获取有价值的信息和情报，对每个在商场上跌打滚爬的人来说都是非常重要的。信息和情报是决策的依据，只要信息准确、情报可靠，并且能先人一步得到，那么必然会使自己在与他人的竞争中获得先机，成功的概率就要成倍增加。

当代社会是信息爆炸的时代，信息和情报浩如烟海，从我们身边飞速流过。哪些是真，哪些是假，哪些价值小，哪些价值大，要想做出准确的判断，是很不容易的。

就以索罗斯来说吧，他所看到的那些信息大都是商业报刊上的，别人都能看到，但绝大多数人却没有能像他那样做出正确的投资决策，为什么呢？就是因为他具有与众不同的眼光，能够独立思考，如同沙里淘金一般，善于从中发现有价值的情报和信息。

证券市场的不少投资者总是把大量精力用于追逐强势股票，索罗斯却不这样做，他着眼于对全世界金融市场的复杂形势的分析与把握。他说："在股票市场上，要随时寻找别人还没有意识到的，却又即将发生的突变。"

这种突变在当前的事态发展中是有蛛丝马迹可寻的，只有拥有独立思考的大脑，才能对各种情报和信息进行科学的过滤和分析，先人一步把握这种突变的机会。

杜邦公司曾经是美国最大的火药制造商和供应商，几乎垄断了整个火药市场，罗伯特·瓦德尔曾在杜邦公司效力多年，然后他自己组建了巴卡伊火药公司，并迅速发展起来，占据了一定的市场份额。

杜邦公司对此很是不安，就想收购巴卡伊火药公司，但被瓦德尔断然拒绝了。过了没多久，巴卡伊火药公司就发生了一起严重的大爆炸，不仅损失惨重，而且还赔上了几条人命，对公司造成了严重的打击。

瓦德尔认定杜邦公司是幕后元凶，但苦于找不到证据，无法把凶手绳之于法。于是，他就想方设法，收买杜邦公司的内部人员，偷出了几份绝密文件，再花费重金，聘请著名律师法克兰·莫内，把杜邦公司推上了被告席。

瓦德尔列举了杜邦公司的三大罪名：一是骗取海军技术部的无烟火药专利，用低廉的价格生产，再以很高的价格卖给军方，牟取暴利；二是串通海军、陆军的一些负责人，使建造新厂的预算案得以通过，从而获得了

丰厚的利益；三是公然向总统行贿，企图借助上层的力量，为公司的发展提供方便。

这些罪名都是瓦德尔千方百计搜集到的重量级情报，一经抛出，立刻在全国引起了强烈的震动，一时间，杜邦公司成为众矢之的，生产经营大受影响。

经过长达5年的审判，杜邦公司被搞得声败名裂，以"违反夏曼垄断禁止法"的罪名，被一举肢解成三家公司，彻底失去了在市场上的龙头地位。而瓦德尔呢，却趁机进取，扩大了自己的市场份额，公司业绩取得了突破性的增长。

为获取最有价值的信息和情报，一些商家挖空心思，不择手段，无所不用其极，使我们感受到了竞争的残酷和人心的险恶。

台湾新光人寿保险公司刚成立时，由于缺乏专业人才，所以一直拿不出一份吸引客户的保险单，经营一直不够顺利。向同行们借阅吧，同行是冤家，谁都不肯借给他们。

总经理吴光禄想来想去，想出了一个办法。他选派部分下属投身到其他保险公司效力，暗中把台北最大的八家保险公司的保险单全部搜集了回来。

他对这些保险单进行了认真的研究，吸取它们的长处，设计出了自己独出心裁的保险单，并响亮地提出"最少的保费，最高的保障"的口号，很快在保险市场打开了一条销路。

不管使用什么手段，光明的、隐秘的，只要把有价值的信息和情报抓获到手，自己就拥有了战胜对手的锐利武器，取得胜利就是轻而易举的事情了。

 3. 加强联络与沟通

商家必须拿出更多的时间与精力，开展一系列的公关工作，与市场内外进行广泛的联络，拉近与各色人等之间的距离，使自己的企业在时代的风云变幻中永远把握先机。

人类社会是一个广泛合作的社会，人与人之间的联络与沟通复杂、精细且微妙。商家在市场中经营，需要与各式各样的人打交道，有合作伙伴，有消费者，有政府要员，有公司员工，离开了深入细致的联络与沟通，商业经营就无法得到有效的开展，事业的成功也就成了一句空话。

河北宝硕集团董事长周山走马上任，首先做了一件让所有员工都不可思议的事情，每天他一来到公司，就先操起一把扫帚，去打扫厕所。

有人对他的举动深感不解，就去问他："别人都是新官上任三把火，为什么您却要去扫厕所呢？"

他笑着解释说："扫厕所不等于不点火，注重走形式远没有动手去做效果好。"

员工们见他如此平易近人，都主动接近他，和他畅谈企业存在的问题。他就这样拉近了和员工们之间的心理距离，了解到了许多重要的情况，为自己进行正确的决策打好了基础。

随后，他就根据市场需要，很快在企业内部点了几把"火"，彻底改变了原先的面貌，让宝硕集团在市场上真正"火"了起来，1998年还昂首阔步，进入"全国五百强"的行列。

只有经常性地与员工进行感情交流，加强思想沟通，才能把整个企业有效地凝聚起来，变成坚强的战斗团体。

——强者的经营法则

市场经营是面向广大消费者的，商家必须拿出更多的时间与精力，与消费者进行联络，拉近与他们之间的距离，听取他们的意见和建议，努力改进自己的工作，使自己的企业和产品在他们心目中有一个更好的形象。

肯德基在世界饮食行业大名鼎鼎，如今在我国也开设了数千家分店，生意一直十分火爆。恐怕大家还不知道，当年肯德基踏上香港土地，计划向亚洲全面发展的时候，却是遭遇过相当严重的挫折。

1973年肯德基在香港开了第一家分店，到了第二年就发展到了11家，然而到了第三年，也就是1975年，香港的肯德基分店却全部关门停业了。

肯德基失利的原因是很深刻的，主要表现在对亚洲人的环境文化缺乏深层次的了解，与香港人的感情沟通很不够，只是一味地照搬美国式的经营模式。肯德基打出的广告词是"好味道舔手指"，香港人就觉得莫名其妙；店里不设座位，也是美国快餐的习惯，买了就拿回去吃，而香港人却喜欢坐在饭店里边吃边聊。诸如此类的因素还有很多，都表现了肯德基没有深入香港人的内心，不能与香港人进行密切的联络与心心相印的沟通。

到了1985年，肯德基决定吸取上次失败的经验，再次进军香港。在此之前的几年，肯德基先在泰国、马来西亚、菲律宾、新加坡等亚洲国家开设了分店，积累了成功的经验，熟悉了亚洲人的风俗习惯，摸索出了一些适合亚洲人的全新经营方式。

在开店之前，肯德基又走访了许多香港人，进行了慎重的调查，决定把自己定位于高级餐厅与自助快餐之间，把顾客对象锁定在16岁至39岁之间。在食品项目和价格上，也都根据香港人的消费水平和消费心理，进行了反复的权衡和考虑。在广告上，还把原先令人费解的"好味道舔手指"改成了香港人容易接受的"甘香鲜美好口味"。

肯德基还向香港顾客专门发放了问卷调查，根据顾客们反馈回来的意见，对自己的营销策略进行了重新调整。正因为肯德基下大力气，进行了联络与沟通工作，所以才最终取得了在香港市场上的立脚点，与本地食品业、汉堡包形成三足鼎立、群雄争霸的有利格局。

精明的商家对联络、沟通的工作都是十分重视的，他们清楚地知道，这样的工作不是可有可无的，只要诚心诚意地去做了，就能从中找到不少的市场机会，为企业的发展带来可贵的转机。

许多企业都设有"公关部"，特别选派形象佳、气质好、耐心细致、

善于沟通的员工来担负这方面的工作,体现了这一工作在企业的生存和发展中所具有的巨大意义。

台湾新光人寿保险公司总经理吴光禄头脑十分灵活,常常能想出许多新招术,来吸引客户,出奇制胜,因此被人们称为"点子老板"。

当时的农民对保险还相当反感,想当然地把"买保险"和"立遗嘱"画上等号,认为是很不吉利的事情。吴光禄看到农村市场的广阔,决心到广阔天地中去大显身手,但怎么样才能改变农民的这一落后观念呢?

他派出许多业务员深入农村,广泛宣传保险知识,对农民的生老病死都给予无微不至的关心,拉近与农民的距离,使农民把他们当作最知心的朋友。

虽然这样做能收到一定的效果,但效果仍旧不够大,他的保险仍不能在农村广泛推开,他很快又想出了另一个办法,也就是他所说的"样本保险"。

他先在农村打听谁家有人得了不治之症,即将离开人世,就派人立刻登门,免费送上一份保险。不久,那人死去了,他再马上把一笔保险费送到那人家里。

"样本保险"就是一个好的典型,使农民们看到了实实在在的实惠,于是纷纷解囊,向他的保险公司购买保险。他就这样把业务做到了农村,扩大了自己的市场范围。

当时还有许多人对保险十分讨厌,他抓住这些人的心理,写了一篇《讨厌的人寿保险》的文章,公开在报纸上发表,并开展轰轰烈烈的有奖征答,吸引了很多人的参加,密切了公司与客户的关系,扩大了公司的影响,在短短的时间内,就为公司争取到了3亿元的保险金。

在任何时候,联络与沟通都是必不可少的,开展一系列的公关工作,架起一座市场内外的金色桥梁,自己的企业就能更深切地感受八面来风,在时代的风云变幻中把握先机。

4. 耐心，耐心，再耐心

最佳的出击机会都是等来的，在市场竞争中，只有做到心静如水，抵制住市场中的各种诱惑，耐得住寂寞，才能等来更大的商机。

在电影上，我们常常看到这样的镜头：敌人越来越近，战士忍不住想开枪，连长立刻给予制止，轻声地说：" 再等等，等近一点再打！"

最佳的出击机会都是等来的，在战场上，只有付出极大的耐心，才能等来这种机会，趁敌人松懈之时，发起攻击，就能以较小的代价，取得较大的胜利。

"一鼓作气"的故事是我们都很熟悉的：当敌军第一次击鼓、企图进攻时，曹刿命令自己的部队守住阵地；当敌军第二次击鼓时，曹刿仍旧要求士兵死守；到了敌军第三次击鼓，曹刿才下令士兵出击，很快就击败了敌人，取得了胜利。

"一鼓作气，再而衰，三而竭"，是曹刿经验的总结，其核心内容只有一句，就是耐心等待战机。

耐心，耐心，再耐心，有太多的时候都需要我们付出极大的耐心，克服盲动心理，来等待机会：敌强我弱，援兵未到，只能耐心地死守待援；敌方弱点尚未暴露，攻击目标难以确定，只能耐心地再做侦察；形势尚不明朗，攻击很难得手，只能耐心地等待，寻找更好的出击机会……

日本著名企业家堤义明在父亲的病榻前接管了庞大的家族企业，父亲留给他一句临终遗言：忍住，一定要忍住，至少忍10年！

他把父亲的遗言牢记在心，守着庞大的家业，忍住了一次又一次建功立业的冲动，而把大量的精力用于解决家族内部的事务，以自己的信义和

第六章　方法：选择时机，耐心等待

智慧做出了一系列明智的决断，彻底平息了家族内部的纷争，博得了家族内外的一致赞誉。

10年过去了，他终于耐心地等来了出击的机会。他立刻投入巨资，在轻井泽旅游区购置了大量土地，进行开发，兴建了王子大饭店、高尔夫球场、网球场、滑雪场等娱乐场所，吸引了成千上万的游客，为自己带来了可观的经济效益。

接着，他又乘胜进击，开办了好几个高山滑雪场，组建了自己的西武狮王棒球队，都取得了空前的胜利，创造着新的商业奇迹，直到他登上世界首富的宝座。

有了10年的耐心等待，他排除了内部的隐患，化解了一系列的风险，奠定了出击的根基，终于等来了一个成功的最佳时机。

没有耐心的商人绝对不会是成功的商人，心浮气躁、头脑发热、盲目投资都会招致极其严重的失败。要耐心，要像气功大师那样，做到心静如水，抵制住市场中的各种诱惑，耐得住寂寞，才能等来更大的商机。

金融大师索罗斯在做出投资决策的时候，是十分慎重的，他要亲自对证券市场的最新动态进行调查研究，对世界政治经济形势做出全面的判断和预测，之后还要耐心地等待机会。他说："要想成功，你需要从容不迫，你需要承受沉闷。等待过程中，最好多多思考、多多阅读和反省。"

20世纪70年代，银行业的景气度很差，股票持续低迷，投资人对银行股票避而远之。索罗斯经过耐心调查，却发现银行业已经有了积极的变化，一大批富有才干的大学毕业生已在银行里图谋发展，扭转局面的曙光已经出现，赢利情况已大有好转。

在那段时间里，索罗斯对银行业给予了前所未有的关注。他认真地搜集有关信息，分析、汇总、判断、得出结论。他耐心地等待机会，直到机会来到自己面前。他果断地抓住这难得的机会，一次投入大量资金，购进了大量银行业的股票。

不久，银行业股票出现大涨，当别人如梦初醒、争先恐后地抢购时，他已经到了套现的时候了，赚得腰缠万贯。

在证券市场上，耐心就能等来赚大钱的机会，在市场经营中，耐心就能寻找到对手的弱点所在，等来更好的投资机会，可观的收益也就有了保证。

美国人克罗克是个从零起步的年轻人，尽管他有成为百万富翁的美好理想，可是他一无所有，再好的理想也是可望而不可即的。

他来到麦克唐纳快餐店，决定寻找机会，图谋发展。他在店里表现得异常勤快，常常一个人干了几个人的活，老板看在眼里，喜在心头。接着他又向老板提出了一系列切实可行的建议，如实施配制份饭、轻便包装、送饭上门等措施，得到了顾客们的一致好评，快餐店的生意也越来越好。

老板对他越来越赏识，渐渐地把经营大权交到了他的手上。他呢，总是一副忠心耿耿的模样，只知操持店里的生意，好像并没有过多的非分之想。

时间久了，快餐店的决策权、管理权都全部落到了他的手里。老板对他很是放心，乐得清闲，只等着把赚下的钞票装入口袋就行了。

然而天下从来都没有如此轻易的美事，克罗克一直在耐心地等待机会，等啊等啊，这一等，就等了6年。他觉得时机成熟了，就去和老板谈判，提出自己要买下这家快餐店，独自经营。

老板顿时大吃一惊，没想到在自己的眼皮底下，竟会养了如此大的一只"狼"，但为时已晚，快餐店的经营大权已被他完全掌握。

双方开始了艰苦的谈判，最终克罗克付出了270万美元，把快餐店买了下来，终于拥有了自己的事业。

在市场竞争中，耐心是必不可少的。拥有耐心，善于等待时机，更大的成功就会被我们牢牢抓住。

5. 深藏不露

深藏不露是处世的一项真功夫，也是市场竞争的一大制胜法宝。聪明的商家懂得把计划藏在心中，把目的藏在司空见惯的行动中，等到时机成熟，才发动果断的攻击。

第六章　方法：选择时机，耐心等待

台湾裕隆公司总裁吴舜文说："就像嫁女儿，在还没有看出公婆对她如何之前，最好不要声张。"

聪明的商家懂得把计划藏在心中，把目的藏在司空见惯的行动中，当没有必胜的把握时，不动声色地做着准备，一旦时机成熟，就果断出击，一鸣惊人。

契斯特·洛兹是美国富商，他白手起家，在大老板贾奈的大力关照下，迅速发展起来，最终竟把贾奈的工厂一口吞下，是个深藏不露的高手。

洛兹最初开了一家小店，专门经营袜子，在经营的过程中，与一家大制袜厂的老板贾奈相识。后来他把小店转让，决定也开办一家制袜厂，就与贾奈协商，希望贾奈的销售网络能帮他销售产品。

贾奈以前对他一直很关照，但双方很快就将成为商业上的竞争对手，如果再像以前那样，就相当于把自己的生意拱手让给别人，就有点不大乐意。

洛兹故意轻描淡写地说，他的产品是微不足道的，最多只有贾奈的百分之一，不会对贾奈的生意造成冲击；而且这种状况也不会持续太长时间，他的经营一旦走上了正轨，就会自办销售的。

好心的贾奈同意了，还建议他使用自己的商标，因为他初出茅庐，不大可能很快被市场认同。但他却不愿意，他决心生产出很有竞争力的特色产品，以自己的商标来占据市场，为日后的发展打下基础。

袜子生产出来了，他又一次前去请贾奈帮忙。他拿出广告费，请贾奈帮他做一次广告，让世人知道贾奈将代销他的产品。贾奈帮人帮到底，又爽快地答应了。

于是，他的产品借着贾奈的声势，很快在市场上打开了销路。看到形势大好，他立刻与其他销售商进行广泛的联系，让自己的产品更快、更广地抢占市场。一年之后，他又向银行贷了一大笔款子，把原来的规模扩大了3倍，生产能力和经济效益都得到了大幅度的提升。

与此同时，他又大胆出击，果断吸收了几个小型的制袜厂，使自己的生产规模进一步扩大，市场份额越占越多。

这下轮到贾奈痛苦了，他的生意正逐渐萎缩，收益正不断下降，更令他气恼的是，洛兹吞并的小厂中，本有几家原是属于他的。贾奈怒发冲冠地前去质问洛兹，洛兹想起贾奈对自己的种种好处，自感惭愧，就做出了

一个无奈的决定,从制袜业中退出来,转而去投产服装业。

缺少了强有力的竞争对手,贾奈本应顺势而为、大展鸿图才对,但在市场中搏击一生的贾奈明显地老了,生产规模扩大得太快,他没有能力再重振雄风了,工厂的效益仍在继续下滑,迫不得已,他只好做出关闭公司的决定。

洛兹听说后,就专程前去拜访贾奈,提出自己愿意收购贾奈的公司,贾奈只好接受了这严酷的现实。

至此,洛兹深藏不露的野心才终于大白于天下。他对自己的经营能力很是自信,曾向别人夸耀说:"我有兴趣和任何人合作,但有一个条件,就是他们必须要听我的。这似乎有点不合情理,但对合作者却是毫无害处的,因为我不做错误的经营决策。"

如果对手提早得知我们的行动目标,必定会对我们严加防范,我们的行动就会遇到很大的阻力,成功的几率就会极大地降低。

把自己的真实想法深深藏在心底,以一副恭顺的假象来蒙骗对手,以骗取对手的信任,再神不知、鬼不觉地展开自己的行动,就能很轻易地实现自己的目标。

对这样的人,我们常用"城府很深"来形容他们,而且往往把他们视为阴谋家、野心家,对他们避而远之。但令我们想不到的是,这样的人却最容易取得成功。

在进行具体的某项投资行动时,为避免竞争对手的参与,商家都会很机智地采取保密措施,或是打着别的旗号,造成对手的错觉,再采取不为人察知的行动。

1936年,美国燧石轮胎公司千里迢迢,来到西非的利比里亚,打着"援助"的旗号,开设了一家庞大的橡胶园。燧石公司真有如此好心吗?事实并非如此。

燧石公司主要生产轮胎,产品在市场上一直供不应求,对橡胶的需求量相当大。但在那个时候,世界橡胶市场正被英国人把持着。英国人隔三岔五地涨价,使燧石公司无法得到大量的廉价原料,生产大受影响。

燧石公司副总裁菲利斯通二世按照父亲的安排,率领一支人马,远涉重洋,耗费巨资,到世界各国去考察,要为自己选择一个合适的原料基地,以打破英国人的封锁。

经过考察,他选中了利比里亚,向利比里亚政府表示愿意提供无私的援助,很轻易地把橡胶园的开垦使用权拿到了手里。

橡胶园开设起来了,源源不断的原料供应完全满足了自己工厂的需要,而且还在世界各地开办了60多家工厂,其中一家工厂还明目张胆地开到了英国,给了英国橡胶厂当头一棒,向他们宣告,燧石公司再也不需要看他们的脸色了!

深藏不露是处世的一项真功夫,也是市场竞争的一大制胜法宝。只有等到一切准备就绪,胜利已经十拿九稳之时,才能让自己的真实目的大白于天下,使财富手到擒来。

6. 以逸待劳

在市场竞争中有意比对方慢半拍,以逸待劳,后发制人,想方设法地调动、控制、消耗、拖垮对方,创造出最佳的商机,再实施果断一击,成功的概率就会更大。

面对竞争对手咄咄逼人的攻击,如果硬碰硬地与其对攻,很可能会极大地消耗自己,甚至还会败得一塌糊涂。那么何不暂作退避,巧妙地避敌锋芒,另寻机会,待敌松懈之时,再攻其不备呢?

"以逸待劳"是三十六计中的一计,被古代军事家屡屡用于战争中,克敌制胜,取得了很好的作战效果。它的原则就是明智地放弃正面的硬攻,而想方设法地调动、控制、消耗、拖垮对方,让自己始终处于主动地位。

在激烈的市场竞争中,高明的商人们深知静待时机的重要性,他们始终保持良好的心态,冷眼面对各种诱惑,以不变应万变,力求等到最佳的时机,再实施果断一击。

约瑟夫·贺希哈是美国证券市场的风云人物,他通过成功的股票炒

作，使自己成为了亿万富翁。

他开了一家证券公司，专门向客户提供经纪业务，收益很高，过上了富裕的生活。他30岁那年，突然发现情况有些不妙，社会上几乎所有的人都在谈论股票，都在购买股票。这种现象是很不正常的，难道大家都疯了，忘了股票的高风险了吗？

他顿时警觉起来，意识到这一定是有人在暗中操纵，有意吸引普通投资者进入股市，然后趁机套现，获利出局。他坐不住了，立刻来到证券公司，把自己手中的股票全部抛出，换成了实实在在的金钱。

没过多久，经济危机就爆发了，股市一落千丈，中小投资者损失惨重，只有他明智地保住了自己的胜利果实。

等股市跌到了低点，他就果断地进场，看准机会，买进股票，又赚取了可观的收益。

先发制人有先发制人的奇效，但比别人慢半拍，却往往也能收到出人意料的效果：让别人先去瞎忙吧，我且等到桃子成熟，再伸手去摘，既省力，又收益颇丰。

这就是以逸待劳，后发制人。

在美国历史上的淘金热潮中，曾流传着这样一个故事，能给我们留下许多有益的启示。

为了发财致富，年轻的约翰卖掉全部家当，来到广阔而荒凉的西部，开始了人生的冒险。他的运气还不错，没过多久，他就发现了一处金矿。他立刻多方筹措资金，购买工具，投入到紧张的挖掘中。

不料，挖出十几车金矿石后，金矿却突然枯竭了。他很不甘心，仍旧继续挖，又挖了好多天，但仍是一无所获，他彻底失望了。

在这个过程中，另一个叫杰克的年轻人正在旁边冷眼旁观，以逸待劳。杰克果断地买下了约翰的开采工具，在约翰离去后，又继续开挖，几天后，蕴藏量极其丰富的金矿脉就出现在他的面前了。

结果呢，杰克成了百万富翁，而约翰却仍是一个穷光蛋，原来这处金矿竟是一座断层型矿脉。

是约翰运气太差、杰克运气太好吗？不完全如此。原来当约翰一门心思地苦挖之时，杰克却并没有无所事事，他专门请了一个矿山技师对此处的金矿做了分析，借助科学的力量，他对金矿的性质有了全面了解，所以

第六章 方法：选择时机，耐心等待

他才能在约翰离去之后，继续留下来，直到把巨额财富抓到自己的手中。

杰克自始至终都做得十分主动，不动声色，做着自己认准的事情，所以才大获成功，而约翰呢，整天忙忙碌碌，在发财梦的驱使下，被动地瞎干，虽说误打误撞地发现了金矿，但仍旧稀里糊涂地把到手的财富丢掉了。

在市场竞争中，"黄雀捕蝉，螳螂在后"的事例比比皆是，在旁冷眼旁观、最后出手的人，却往往能笑到最后，收益最大。这是因为别人都身陷局中，拼得互不相让，消耗很大，同时对各自的弱点都无暇去留意，这恰恰给旁观者提供了极其有利的攻击时机。

精工表在日本钟表市场一直具有王者风范，市场占有率很高。后来，星辰表异军突起，以迅猛的广告宣传，造成了很大的声势，给精工表带来了很强的竞争压力。

星辰表的广告真可以用"别出心裁"来形容，他们把自己的新型防震表用直升飞机送到100米的高空，然后再当众抛下来，落到地面上，表仍在准确地走着。这一举动引起了很强的社会反响，轰动一时。

接着，星辰表又进行了防水表演，他们把100块新表放进一只小篮子里，再把篮子放进大海，随波漂流，长达数千公里，结果，新表完好无损，行走正常。

这两次表演空前绝后，向世人展示了星辰表防震防水的良好性能，使星辰表名噪一时，吸引了公众的极大关注。

对这种危险趋势，精工表当然不能坐视不管，也不可能亦步亦趋地去模仿，把自己的优越性能照猫画虎地表演一番。怎么样才能战胜竞争对手的挑战呢？精工表使出了"以逸待劳"的高招。

在每一个出售钟表的店铺里，都摆出了一个大型的热带鱼鱼缸，新型精工表泡在清水里，与鱼日夜相对。这一招数虽说平淡无奇，但却把精工表的防震防水性能同样展示了出来。

更妙的是，精工表还与售货员达成了协议，只要有顾客前来购买防震防水的钟表，就一律把精工表卖给他们。

这一招虽然花钱不多，但却十分高明，许多顾客误以为大做防震防水表演的就是鱼缸中的表，从而把精工表买回了家。

精工表以逸待劳，巧妙地钻了星辰表的空子，占了星辰表的便宜，让星辰表的一番努力付之东流，从而再次把握住了竞争的主动权，牢牢占据

了日本钟表行业的龙头地位。

石油大王洛克菲勒常说:"打先锋的赚不到钱。"只有凡事三思而行,冷静观察,深入思考,才能抓住更大的商机,采取更有力的行动,为自己争取到更大的利益。

第七章 战术：
痛下杀手，一击必中

　　商战惨烈，如果不能坚决果断地战胜竞争对手，自己就会被对手一口吞下。所以在开展商业活动的时候，我们一定要做到快、狠、准。

　　要把自己有限的人力、物力、财力集中起来，形成优势兵力，抓住最佳时机，向最关键、最重要的环节和人物展开迅猛、狠辣的痛击，以求一战成功，在较短的时间里就奏凯而还，占据市场上的优势地位。

1. 对竞争对手毫不留情

市场竞争，你死我活，不把对手击垮，自己就不能在市场中占据优势，因此我们一定要炼就一副铁石心肠，对竞争对手毫不留情，坚决打击，为自己占领更为广阔的市场。

市场竞争，强手如林，要想立稳脚跟并进而取得一定的成就，就必须把竞争对手当作敌人，时刻想着把对方消灭，把对方吞并。

如果一味的心慈手软，那么必定会贻误大好战机，致使对手羽翼丰满，构成自己前进路上的强大威胁。

市场竞争是你死我活的，对手抢先占据了市场，就意味着我方失去了一大片市场。对竞争对手的姑息和纵容，就相当于对我方的破坏和自杀。

因此，不管对手处于什么状态，都要毫不留情地把对手消灭掉。鲁迅先生一贯倡导"痛打落水狗"，说的就是这样的意思。

美国商人吉姆斯林恩用了七年的时间，吞并了一个又一个对手，使自己奇迹般地迅速崛起，他的LTV公司成为全美最大的15家公司之一，公司的股票也由最初的每股20美元狂升到每股135美元。

发行股票成功后，他就立刻用募集到的资金收购了一家电气公司，使自己公司的实力得到了极大增强。

他从这一行动中得到启示，认为自己公司的股票可以当作现金来使用，再发行股票，再募集资金，再去收购竞争对手的股权，然后把对方一口吞下，变成自己公司的一部分。

于是，他就接二连三地采取这种方式，陆续买下了阿提克电子公司、迪姆柯电子公司等多家公司，并把自己的公司改名为"林恩·阿提克与林

第七章 战术：痛下杀手，一击必中

恩·迪姆柯电子公司"。至此，他已拥有了令世人惊叹的经济实力，每月的营业额高达1500万美元。

他的野心更大了，手段也更凶狠了，接着他就把目光瞄准了休斯·福特股份有限公司。这家公司以制造飞机和导弹闻名于世，实力相当雄厚。他多方筹措资金，一方面和现有股东私下收购，另一方面又从股市直接公开收购，双管齐下，如愿以偿地取得了40%的股份，直接控制了这家公司。

他把这家公司改名为"林恩·迪姆柯·福特公司"，举世闻名的LTV公司就这样诞生了。他的这种企业形式被人们称为"集团企业"，他则成为集团企业的代表人物。

俗话说"树大招风"，公司经营规模扩大了，面对的竞争对手也就更加强悍了，如果不击败他们，自己就将死无葬身之地。他深深地懂得这个道理，于是他又再度出击，把攻击的矛头直指威尔逊公司。

威尔逊公司的实力更加强大，每年的营业额就是LTV的两倍，要想把这样的超级大公司一口吃下，简直就是蛇吞象，其难度是可想而知的。

他进行了一番精心部署，从银行贷了8000万美元，在股市悄悄吸纳威尔逊公司的股票，最终达到了自己的目的。收购虽然成功了，但8000万美元的沉重债务却令他无法安宁。

他又进行了一番谋划，然后就把威尔逊公司划分成制药、运动器材、肉类加工三大公司，再让这三家公司分别发行自己的股票。发售新股募集到了一大批资金，刚好可以还清这8000万美元的巨额债务。

就这样，他不用自己花费一分钱，就把自己的竞争对手一个一个地吞并掉了，使自己的公司迅速地壮大起来。

市场竞争就是如此的残酷无情，你不去吃掉别人，别人就会把你吃掉，即使你现在还没有和对手一较高下的打算，也要时时刻刻记着，你的竞争对手正在对你磨刀霍霍呢，你可一定要高度警惕啊！

20世纪初，英国卜内门公司独霸了我国的碱市场，处于起步阶段的我国民族化学工业如履薄冰，走得异常艰难。

1918年，我国第一家制碱企业"永利制碱公司"挂牌成立，总经理范旭东信心百倍，决心通过自己的努力，打破英国人的垄断地位，为我国民族企业争得立足之地。

英国人当然不会坐视他的发展壮大，他们毫不留情地对他进行了技术封锁，使他得不到一点有关的技术资料。

他曾特意来到卜内门公司考察，不料傲慢的英国人竟故意把他带到锅炉房，轻蔑地说中国人根本不配前来参观考察。

英国人的狂妄和刁难激起了他强烈的自尊心，他率领技术人员，进行了长达八年的艰难实验，终于于1926年独立研制成功优质的"红三角"牌纯碱，在市场上受到了广泛的欢迎。

英国人见状，恼怒万分，他们立刻想出了一条毒计，很快调集了一大批纯碱，以原价40%的超低价格向我国市场进行疯狂倾销，企图凭借自己强大的经济实力，挤垮刚刚起步的"红三角"牌纯碱。

形势十分严峻，范旭东的企业到了生死存亡的危急关头。如果也以低价来应战，实力脆弱的永利公司将很快入不敷出，在恶性竞争中被摧毁；但如果不这样做，公司的产品就会大量积压，卖不出去，市场就会被英国人完全占领，自己落得坐以待毙的可悲下场。

市场竞争，你死我活，不把对手击垮，自己又怎么能乘机而起呢？范旭东明白这个道理，他急得茶饭不思，寝食难安，日夜苦想对策。

一天，他从市场中得到了一个消息，知道卜内门公司在日本的纯碱销售更大，收益也更多，顿时他喜上眉头，何不以其人之道，还治其人之身呢？

于是他立刻调集了一批优质"红三角"牌纯碱，东渡日本，以同样的低价倾销战略，抢占日本市场。英国人大吃一惊，急忙降价应战，日本市场碱价大跌，卜内门公司损失惨重。而范旭东投入日本市场的纯碱份额很少，损失自然要小得多。

恶性竞争的结果是英国人自食恶果，卜内门公司迫不得已，只好宣布投降。经过谈判，英国人接受了范旭东的所有条件，签署了协议：永利纯碱公司在中国市场占有55%的份额，而卜内门公司不得超过45%；卜内门公司如在中国市场上进行碱价变动，必须事先征得范旭东的同意。

范旭东大获全胜，英国人对他充满了崇敬之情，来到他的公司，要求参观学习。范旭东毫不客气，当即把英国人请到了自己的锅炉房，顿时羞得英国人无地自容。

范旭东趁机出击，使自己的企业得到了极大的发展。1927年，"红三

角"牌纯碱在美国万国博览会上夺得金奖，更使公司的声名大震，产品远销国内外。

我不吃掉你，你就吃掉我，在与商业对手的生死竞争中，毫不留情的毒计辣招一而再、再而三地出现，使人感到了比严冬还要冷的寒意。但人在市场，身不由己，对对手的一丝一毫的仁慈，就意味着对自己的严重伤害。所以每一个市场人士都一定要炼就一副铁石心肠，在该出手时坚决出击，把对手坚决摧毁，为自己夺取绝对的优势地位。

2. 集中优势兵力

在市场竞争中，我们必须集中优势兵力，把有限的人力、物力、财力都凝聚起来，投放到某一项关键性的市场活动中，以取得更佳的经营效果。

在与敌人的战斗中，为了将敌军予以全歼，就必须把自己的兵力进行合理调配，把优势兵力集中起来，用于攻击的核心部位，以便对敌军的有生力量给予迎头痛击，彻底动摇敌军的军心。

"伤其十指，不如断其一指"，这是一句流传甚广的军事术语，意思是说要给敌军以毁灭性的打击，如果仅仅是把敌军击溃，那么敌军在短暂休整后，力量就会得到恢复，仍会再次发动反扑。

握紧拳头打人，就远比伸出巴掌打得疼，这是一个生活常识，却也说明了一个道理，就是把自己的力量集中到一点来使用，所要达到的效果就会更显著。

好钢要用在刀刃上，优势兵力就常常使用在攻坚作战中。明智而果断地使用优势兵力，就能使我们在很短的时间内打开突破口，赢得宝贵的胜利。

市场竞争也是如此,把企业的人力物力集中起来,用到某一个重点经营项目上,就能很快打开局面,把握住经营的主动权。

日本万事发公司生产出了一种高档香烟,为在市场上一炮打响,迅速占领更广阔的香烟市场,公司董事长罗伯特决定每月向各城市的名人免费赠送两条高档"万事发"香烟。

伦敦著名电视评论员雷吉斯·汉诺抽烟一向很凶,收到赠烟非常高兴,常常边做节目,边喷云吐雾。还有巴黎服装设计大师洛尼·普林斯尼、法国汽车设计师柯林曼、西班牙著名作家唐普拉等欧洲名人都同时接到了赠烟,吸了之后觉得十分满意,常在公众面前旁若无人地大吸特吸,自得其乐。

这些名人被万事发公司的赠烟人员极力吹捧一番,不免都有些飘飘然。当他们听说这烟只有名人才配享用时,更是心里美得乐滋滋的。赠烟人员还向他们承诺以后每月都将赠给他们两条高档香烟,请他们试用,他们更是得意忘形,毫不犹豫地抛弃了原来抽的香烟,改抽起"万事发"来。

这种香烟在当时的市场上还没有销售,只有名人们在悠然地享用,于是在人们心目中,"万事发"香烟也成了身份和地位的象征,身价倍增。

万事发公司就这样与欧洲120多个城市的名人们取得了联系,在每个城市至少联络30个名人,每人每月免费赠送两条烟,费用是相当惊人的,每月就要花费2000万日元。过了几个月时间,公司的股东们都心疼得受不了,纷纷议论说如此消耗下去,还没取得经济效益,倒有可能先把自己拖垮了。

董事长罗伯特认为这种做法虽说有些铺张,但和所要达到的收益相比,还是十分值得的。但公司的资产确实在迅速地减少,也是一个令人担忧的事实,已经超过计划开支的3倍,公司再也消耗不起了。经过一番激烈争论,最终公司决定,向名人赠烟活动已经有了很大的成效,活动应该提前一月结束。

万事发公司以每月2000万日元的巨大代价,创造了现代商业史上的一个奇迹,在不到一年时间里,就使一个默默无闻的品牌迅速跃升为世界知名品牌,而且还创造了世界销售量第二的辉煌战果。

至于那些名人,却再也收不到公司的赠烟了,只是收到了一则短短的

第七章 战术：痛下杀手，一击必中

告示，表明公司已经无力承受此种义举，赠烟活动暂告一段落，好在市场上已有此种香烟出售，名人们可以随时购买。

名人们这才知道上了大当，但已经迟了，"万事发"早已借助他们的名望，风靡了整个欧洲大陆，并进而扩大到了全世界。

与此相类似的营销活动还有许多，再来看下面的事例，看看商家是如何把财力集中起来，形成宏大的气势，而一举夺得市场的。

日本乐器公司为了抢占市场，取得乐器市场的优势地位，特意投入20亿日元的巨资，在日本全国开办了数千家"山叶音乐教室"，吸引了几百万音乐爱好者。

董事长川上源一为此付出了高昂的代价，但他却毫不在乎，似乎完全忘记了自己是一个生意人，而只是一门心思在做这样的公益事业，难道他变傻了吗，还是他的钱多得无处花了？都不是的。

他的这一举措，是有十分深刻的用意的。他决心集中优势财力，把"山叶音乐教室"搞得轰轰烈烈，表面上使几百万人受了益，但在事实上，他却在紧锣密鼓地部署自己的商业活动，力争把生意做到每一个学员的身上。

"山叶音乐教室"的讲师们当然不是公司的业务员，不承担为公司做广告的义务，但每个学员的名字却会由他们送到公司业务员的手里。业务员就按着名单，逐门逐户到学员家里推销乐器。

还有更绝的一点是，如果学员不购买公司的乐器，就很难按照讲师的要求，演奏出高水平的乐曲。学习的程度越高，对公司乐器的依赖程度就越强。

这样一来，几百万学员都不得不购买了公司的乐器，成了公司的固定客户。川上源一就通过这个办法，很快抢走了对手们的大笔生意，占据了乐器市场的半壁江山。

集中了优势财力，凭借集体的智慧，进行市场营销活动，就能为自己的产品更快地打开市场销路，占据更多的市场份额。

如果把企业的高科技人才集中起来，形成优势兵力，来进行产品的开发研制，所达到的攻坚效果也是十分显著的。

清华紫光总裁张本正对自己的企业充满了自豪感，他说："我们有金字招牌：清华。清华大学的牌子是极有号召力的，就像小孩子的家长都愿意自己的孩子上清华,人们对清华有很高的信任感。"

凭借清华的显赫名声,张本正为自己的企业招揽了大批高科技人才,并把这些人才集中起来,凝聚大家的智慧,共同开发高科技产品,形成了信息技术、环保技术两大产业板块,在紫光扫描仪、紫光电脑笔、紫光电力监测、紫光笔记本、紫光汉字识别系统等产品上形成了较大的规模,占据了广阔的市场。

许多大客户来与公司洽谈生意,合同签订之后,都毫无例外地提出了一个要求,希望能与校方领导见一见面。他们一致认定,既然清华大学是中国的最著名的大学,那么它所创办的企业也必定会是最优秀的企业。

清华大学的金字招牌成了企业进占市场的强大武器,为企业在信息市场开辟了广阔的空间,争取到了难得的发展机遇。张本正掷地有声地说:"清华大学既然是中国的最高学府,那么,它所创办的企业也必须成为最优秀的企业。这是一种义不容辞的历史责任,在中国高科技的发展中,清华大学和它的企业不来承担,那么是无论如何都说不过去的。"

对企业来说,集中优势兵力就是把有限的人力、物力、财力都凝聚起来,投放到某一项关键性的市场活动中,以取得更佳的效果。只要有远见,有眼光,就能做出明智的决断,把这一原则贯彻得有声有色。

 3. 抓住最佳时机

商机是善于伪装的财神,我们必须睁大眼睛,透过表面现象,看透实质内容,才能做出正确的判断,抓住为自己带来收益的绝佳机会,开创全新的事业。

"时间就是金钱",这是当前人们时常挂在嘴边的一句话。但如果认真观察的话,我们就会发现,能把时间变成金钱的人只是很少的一部分,

第七章 战术：痛下杀手，一击必中

绝大多数人却仍在慷慨地把时间挥金如土，金钱并没有被他们所捕获。

在市场竞争中，商机对每个人来说，都是相同的，但人们对商机的利用却很不相同。有的人视而不见，任由商机失去；有的人优柔寡断，犹豫不决，致使商机很快消失；有的人却眼明手快，行事果决，牢牢把握住了商机，为自己赚取了可观的财富。

时间对商家来说，还意味着资金周转的速度。把商品更快地卖出去，转换成资金，把资金再投入生产中，生产出更多的商品，再设法更快地卖出去。如此循环往复，周转的速度越快，商家所获得的利润就越高。

机不可失，时不再来，能够抓住商机的人是成功的企业家、优秀的商人，必能在市场中脱颖而出，开创出辉煌的事业。

商机也是如此。当商机出现在我们面前时，所展现给我们的面目并不是十分清晰的，需要我们睁大眼睛，透过表面现象，一眼看到实质，才能做出正确的判断，抓住为自己带来收益的绝佳机会。

商机是善于伪装的财神，谁能识破他的伪装，他就会兴高采烈地走到谁的面前，把财富拱手送上。

比尔·盖茨是美国微软公司总裁，也是举世闻名的世界首富，在1995年《福布斯》公布的"世界十大富豪"排行榜上，他名列第一，以129亿美元的资产，成为世界上有史以来最有钱的年轻人。

当他还在哈佛大学读法律的时候，他就下定决心，准备退学，然后全力经营他的软件公司。这遭到了他父母的坚决反对，他们认为读完大学再去经商，是完全可行的，哈佛学位对全世界的年轻人来说，都是很高的荣耀，他不应这么轻易地放弃。

但他决心已定，不容更改，因为他看到了个人电脑的光辉前途。电脑必将进入成千上万个普通的家庭，在这场竞争中，只有抓住机遇的人，才能收获更大的成果。

最佳的机会出现了，但要想抓住它，却是很不容易的，这需要他的勇气和智慧，还需要他全力以赴，不受任何干扰地开拓这个市场。果断放弃哈佛大学的学位，表面上看是个极大的损失，但却有助于他把全部精力都投入到创业之中去。

尽管他把这一前景描绘得无比美好，但却仍然无法说服他的父母，于是他只好在父母的一致反对中，坚决退了学。

事实证明他是正确的,他获得了空前的成功。他把主要精力都放在开发新产品中,使他的产品能以更高的品质、更优的服务快速占领市场,于是在计算机领域,美国微软公司稳坐龙头老大的交椅,几乎成了他的一统江山。

从他不到20岁开始创业,到他40岁那年,他以平均每天净赚160多万美元的业绩,向亿万富翁的目标迈进。当有人向他请教成功的秘诀时,他说:"创业之前必须经过冷静思考,对你的目标产品要有心得。你的产品优良,自然会不断找到新的买家。"

在别人还没有看到商机之前,我们就要凭着自己的锐利目光,看透商机的巨大现实意义,并立刻采取果断的行动,就能像比尔·盖茨一样,开创出一番伟大的事业。

商机总是来去匆匆,不肯在我们面前做过多的停留,时效性特别强。如果这次错过了,那么类似的商机有可能就永远失去了,这该多么令人痛心啊。

然而在我们的一些企业里,由于长期计划经济的熏陶,一些人还抱着过去的习惯不放,对商机缺乏应有的敏感,在变幻无穷的市场动态面前瞻前顾后,畏首畏尾,把大量的时间浪费在会议讨论中,致使商机白白失去。

这就提示我们,一定要努力适应市场经济的法则,彻底抛弃传统的观念,善于发现商机,抓住商机,利用商机,来推动企业的发展和进步。

要想把商机运用出成效,还必须随时把握市场形势,对各种市场力量都有正确的分析与估计,才能根据它们的对比变化,做出正确的决策,采取有效的行动。

皮尔·卡丹是世界著名的服装设计师,但他的兴趣并不局限在服装的狭小范围内,他凭借自己在服装界所闯出的响亮名声,广泛进行多种经营,如打火机、香水、手表、画廊、电影院、摩天大楼、餐厅等等,而且无不成功。

1981年,巴黎著名的玛克西姆餐厅陷入了破产的困境中,消息传来,皮尔·卡丹十分高兴,他认为自己出击的最佳时机到了,于是毅然投入150万美元,把餐厅买了下来。

许多人都认为他难以成功,肯定会被餐厅拖累得家破人亡,但他却胸

有成竹。他对餐厅进行了重新设计，营造出一派优雅、宁静、舒适的艺术氛围，同时又不惜重金请来一些名厨，精心制作美味佳肴。

他做出了一个重大决定，要把餐厅向普通的老百姓开放，菜肴的价格完全满足工薪阶层的消费标准。这个决定顿时震惊了整个巴黎，因为原先的这家餐厅一直采用会员制，顾客很少，白天基本上闲置，只有到了晚上，才有不多的一些会员前来光临。

皮尔·卡丹的举措无疑是石破天惊的，老百姓们纷纷前来，尝尝上流社会的消费方式，一时间人满为患，餐厅内外都排起了长队，营业额逐月上升。

皮尔·卡丹看到餐厅生意如此红火，就抓住时机，又在世界各地开了多家分店，顿时财源滚滚，他收获了可观的财富。

他说："我是冒险家，我制造报纸第一版新闻已经有40年了，事实证明我成功了。"

必须要看到，对商机的运用是要承担一定的市场风险的，只要自己拥有了七分以上的把握，就可以果断地开展行动。要想等到万无一失才去做，商机早就远离我们而去了。

 **4. 擒贼先擒王**

在与商业对手的角逐中，从根本上下功夫，从最关键之处着眼，先努力解决最具决定性的内容和人物，那么其他环节也就会迎刃而解了。

"擒贼先擒王"是三十六计中的第十八计，它明确指出："摧其坚，夺其魁，以解其体。龙战于野，其道穷也。"意思是说，要想消灭敌人，就必须首先擒杀敌人的首脑，摧毁敌人的主力军，这样一来，敌人就会像脱离大海的蛟龙一样，困于平野之中，无计可施，只好竖起白旗投降。

这条计谋是十分高明的，它果断地抛弃一切细枝末节，而把攻击的目标直指对方的首脑所在，计划将对方的中坚力量彻底消灭，使对方群龙无首，一败涂地。

在商战中，与对手展开互不相让的竞争，要想尽快地取胜，也要运用此计，从根本上下功夫，从最关键之处着眼，先努力解决最具决定性的部分，那么其他环节也就会迎刃而解了。

孙正义是日本最年轻的大富豪，在他成立软库公司、决心从事软件批发的时候，他还是个无名之辈，没有哪家软件公司愿意请他做代理。

他想，要想尽快地打开局面，就必须擒贼先擒王，先争取和日本最大的软件公司哈德森公司联系上。

当年10月，在大阪举行了一个电子产品展销会，他不惜花费800万美元，租下了离出口最近、场地最大的那个展厅，邀请各大软件公司前来参观。

展销会结束后，他找到哈德森公司的社长工藤浩提，向他提出做他们公司总代理的请求。但工藤浩提向他提出了一个很苛刻的要求，要他向哈德森公司先拨付3000万日元的巨款，以表示他的诚意，展现他公司的实力。

3000万日元！对他来说，就意味着是他的全部财产，风险是相当大的，但他毅然决定，这个险值得冒！他当即答应下来，与哈德森公司签订了合同。

他就这样成为了日本最大的软件批发公司，其他软件销售公司闻讯，纷纷前来加盟，从此奠定了他在日本软件代理界的领导地位。

说到"擒贼先擒王"，我们就不由得联想起三国时期的曹操，他把汉朝皇帝挟持在手，号令天下，成为当时的一代枭雄。这就是人们所津津乐道的"挟天子以令诸侯"，是运用这一计谋的最高境界。

把对方的"王"为自己所掌握，从而迫使对方的部属都乖乖地服从我方的指挥，就能不费吹灰之力，收获超出常人预料的丰厚成果。

在商场竞争中，如果能娴熟地运用这一计谋，同样能收到超出想象的巨大成功。在这方面，我们不能不敬佩瑞士人的高明，因为他们把日内瓦"借"给了联合国。

名义上说是"借"，实际上并不完全恰当。当年的联合国没有自己的

第七章 战术：痛下杀手，一击必中

会议中心和活动中心，无数国际会议常为找不到合适的会址而发愁。瑞士政府看准机会，投入巨额资金，修建起了功能完善、造型美观的各种建筑设施，然后再把它们"卖"给了联合国，售价仅为微不足道的一便士。

仅从商业交易的角度来说，瑞士人这笔生意是做亏了，大亏特亏，这些楼房、设施、地皮加在一起，何止数亿美元！完全是白白地送给联合国使用。但从另一个角度来权衡，我们又会发现这笔生意瑞士人不仅没亏，反而是大赚特赚，为自己赚得了千秋万代的财富。

就因为联合国设在日内瓦，世界各地的国家首脑、政府官员、著名商人都在这里进进出出，川流不息，多少金钱都心甘情愿地送到了瑞士人手里。餐饮、交通、旅游等行业，全都因为联合国的存在而得到了极大的发展。试想一下，假如联合国不设在这里，瑞士能有今天的辉煌吗？

在公司的重大经营策略上，我们要学会举重若轻，从战略的眼光来把握全局性的问题，从根本和核心部位来决定进取的方向，努力把自己的企业壮大起来，向称王称霸的目标迈进。

戴姆勒—奔驰汽车公司自创立以来，始终占据世界汽车业的龙头地位。公司生产的汽车种类繁多，有160多个车种，3700多个型号，既有小轿车，也有2150吨重的大型载重汽车，还有各种运输车、大轿车、多用途拖拉机、越野车等。

然而公司却严格限制产量，每年只生产60万辆汽车，其中小汽车只有50万辆，这比福特、丰田等大汽车公司的产量都要小得多。不过令人惊奇的是，公司的业绩却丝毫不受影响，每年的利润绝不比福特、丰田这样产销两旺的大汽车公司差。

在世界十大汽车公司中，奔驰公司的产量最小，但它的利润和销售额却始终高居前五名。最低级别的奔驰车售价也在15万美元以上，豪华轿车则超过了10万美元，中间车型也有4万美元，在香港市场上，一辆奔驰500SL轿车，售价高达165万港币。

奔驰车完全是以品质取胜，耐用、舒适、安全，在世界上久享盛誉，尽管它的售价是一般汽车的两倍多，但还是供不应求，其中62%销往国外。

美国曾对消费者就"世界十大名牌"做过一个调查，奔驰车不负众望，位居第三，仅次于可口可乐饮料、索尼电器，是当之无愧的"世界第一车"。

奔驰—600型高级轿车更是大名鼎鼎,是具有国际水平的高级华贵小轿车,每辆售价高达17万马克,基本上是各国首脑的坐车,成为权势和地位的象征。许多国家元首和知名人士都不惜重金,购买它作为自己的交通工具。

买一辆这样的奔驰车所花的钱,就能买好几辆日本车,但奔驰车却在日本车的低价竞争面前,不为所动,顶住了日本车的压力,并增加了向日本的出口,在日本汽车市场上占据了一席之地。

在一百多年的汽车发展史上,奔驰汽车一直都在"得意地疾驰",这不能不说是一个奇迹。

"擒贼先擒王"对市场人士来说,就是根本性的内容、核心性的人物,对他们给予足够的重视,下大力气来解决,就会使自己的企业大步向前,进入飞速发展的快车道。

5. 兵贵神速

商机不等人,市场竞争是讲究兵贵神速的。以迅雷不及掩耳之势迅速出击,就能在商战中抢占先机,先人一步进占市场,确立自己在市场上的优势地位。

20世纪80年代,在我国改革开放的前沿阵地深圳特区,曾经流传着这样一句名言:"时间就是金钱,时间就是效益。"

深圳特区正是凭着这句名言,争分夺秒地发展经济,在很短的时间里就奇迹般地崛起,创造了举世震惊的"深圳速度"。

市场经营是非常讲究时间成本的。所谓的时间成本,就是指商家在时间上的投入、产出比。显而易见,在时间上投入得越长,时间成本就会

第七章 战术：痛下杀手，一击必中

相应的越高。每个人的时间成本都是不一样的，高素质员工的工作效率很高，他所使用的时间成本会低于普通员工的好几倍。

"兵贵神速"，是一句战场上的至理名言，只有用最快的速度来采取行动，才能抢占先机，首先占领战场上的有利地势，给敌人以有力的打击，取得胜利。

阿曼法·哈默是美国著名企业家，被誉为"万能博士"，他曾成功地涉足古董业、酿酒业、养牧业、石油业等多个行业，都取得了可喜的成功；他还曾勇敢地来到人生地不熟的苏联，做成了许多生意，被列宁誉为"红色资本家"，赚得了亿万财富。

哈默天生具有经商才能，18岁那年，他已成为大学生中的第一个百万富翁。1921年，哈默还只有23岁，就做出了一个惊天动地的决定，要到苏联去经商。

他的决定在当时的美国人看来，无疑是十分疯狂的，有人善意地规劝他，有人恶意地讽刺他，更有人大胆地断言他的这一做法相当于"到月球上去探险"。

但哈默坚持自己的原则，毫不动摇。他看到了刚刚建立的苏联对各类物资的极度需求，而这正是他远涉重洋、做成大笔生意的重要前提条件。想到就要做到，兵贵神速，他立刻组织了一个流动医院，携带大批医疗器械和药品，浩浩荡荡向苏联进发。

当时的苏联缺粮少药，瘟疫横行，饿殍遍野，哈默把他带来的价值10万美元的医疗设备无偿赠送给苏联，用于拯救饱受疾病折磨的苏联人民，赢得了苏联政府和人民的普遍欢迎，为他在这里从事商贸活动打下了良好的基础。

饥荒正在苏联大地上蔓延，哈默抓住时机，从美国贩来价值100万美元的小麦，赊销给苏联政府，顿时成了苏联政府的座上宾，列宁亲自接见了他，对他大加赞赏，还特别给予他在苏联从事工商业活动的特许权，为他做成更大的生意提供了极大的便利。

于是，苏联那无法估算的自然资源都慷慨地展现在他的面前，任由他进行开采，滚滚财富向他不断涌来。

他看到苏联铅笔奇缺，供不应求，就很快采取行动，开设了一家铅笔厂，满足了苏联市场的需要，仅建成投产的第一年，他就净赚100万美元。

他看到苏联拥有价值独特的大批古董和艺术品，就不失时机进行收购，然后再运回美国举行展览，获得了空前的成功。在圣路易斯展销的第一个星期，平均每天就有2000余人光顾，票价收入高达几十万美元。而当时的美国正处于经济大萧条时期，他的辉煌不能不说是一个奇迹。

他频繁往来于美国和苏联之间，成功地促成了美国30多家大公司与苏联之间的商业往来，还成为福特汽车公司、艾查机械设备公司等一批著名公司驻苏联的代表，受到了东西方的欢迎，为自己收获了巨大的财富。

从他所采取的一系列行动中，我们看到了"兵贵神速"计谋的巨大成功。时时刻刻走在别人前面，当别人都还没有对眼前的商机做出反应的时候，我们已经开始了果敢的行动；当别人也想采取类似的行动的时候，我们已经把财富收入囊中了。

以迅雷不及掩耳之势迅速出击，就能在商战中抢占先机，先人一步进占市场，确立自己在市场上的优势地位。

意外情况的降临常常是出人意料的，为把握住经营的主动权，有力地改变不利局面，我们也必须采取神速的行动。

1999年6月，在比利时发生了多起可口可乐饮料中毒事件，有100多名中学生被紧急送入医院抢救，立刻震惊了全世界，使可口可乐公司遭受到极其严重的损失。

消息传出，世界各国纷纷采取强有力的措施，对可口可乐产品的销售进行限制和禁止。比利时政府的行动最快，当即宣布禁止销售包括可口可乐、芬达、雪碧在内的一系列可口可乐公司的饮料。随后，卢森堡、荷兰等国也采取了类似的行动，欧盟还就此事专门向其成员国发出了严重警告。

可口可乐公司顿时陷入极其不利的被动处境中，遭遇到有史以来最严重的一次信任危机。危机爆发几个小时之后，公司总裁就得到了详细报告，公司上下迅速展开行动，为渡过难关而苦寻对策。

在比利时，可口可乐公司不惜代价，坚决回收所有的产品。公司行政总裁艾华士还亲自出马，来到比利时，向消费者公开道歉，坦率承认自己对这一事件负有不可推卸的责任，并当众承诺，要采取切实可行的措施，重新树立消费者对公司的信心。

艾华士还当众打开一瓶可乐，咕咚咕咚地灌进了自己的肚子里。他用

这种独特的方式,向全世界的消费者表达了自己的决心,展示了公司勇于负责、知错就改的王者风范。

与此同时,在世界各地,可口可乐公司的所有产品都送到当地的卫生部门,接受极其严格的检验。很快,检验报告纷纷出来了,均证实公司的产品安全可靠。在我国,从6月14日至21日,卫生部在全国各地对可乐产品进行了大范围的抽检,结果没有发现一例不合格的产品。

6月23日,比利时撤销了对可口可乐的禁销令,6月24日,法国紧随其后,宣布了同样的决定,随后,世界各国的禁令分别撤销,可口可乐公司终于从困境中走了出来。

这场危机的损失是非常惨重的,仅在比利时,直接经济损失就高达6000万美元,而由其负面影响所带来的间接损失,更是无法用金钱来估算。

由于公司组织严明,措施得力,行动迅速,配合默契,才在很短的时间内,走出了信任危机的阴影,重新回到了正常的经营轨道上来。

以出人意料的神速出击,来抢占市场,就会造成神兵天降的惊人效果,在竞争对手都没做出反应的时候,已经奇迹般地把胜利抓在了自己的手中。

第八章 计策：善于伪装，诡计多端

"兵者诡道也"，只有善于使计、用诈，才能在市场中活得更长久。日本商人把我国的《三十六计》《孙子兵法》等书奉作经商的法宝，我们也应从中学习一些宝贵的竞争计谋。本章涉及的"声东击西""浑水摸鱼""暗度陈仓""笑里藏刀"等计，只是其中的一部分，市场人士可以从这里感受到它们的神奇威力。

1. 对环境的巧妙利用

在市场经营中，具体的市场环境、国内外的政治经济军事形势都能成为我们巧妙利用的对象，借助别人的品牌、原料、技术和销售渠道，能为自己创造更好的经济效益。

在战场上硬拼硬打，固然杀得痛快淋漓，但却容易造成较大的伤亡。黑旋风李逵式的人物只能作为一员猛将来使用，却是断然不会成为统率三军的元帅的。

在市场竞争中一味地蛮干，结果很可能是出力不讨好的。如果我们认真留意，就会发现市场中能被我们所利用的东西是很多的，只要我们能够慧眼独具，加以巧妙的利用，那么就会收到事半功倍的奇效。

比尔·盖茨的微软公司在计算机行业始终占据龙头地位，以近乎垄断的强势，攫取了巨额的利润，这令美国政府深深不安，因为美国一直倡导自由经济，《反垄断法》已经实施了100多年，举世闻名的洛克菲勒美孚石油公司、IBM、AT&T等一批具有垄断性质的公司都惨遭肢解的厄运。

1993年8月，美国司法部就开始了对微软的反托拉斯调查，到了第二年7月，微软不得不做出了巨大让步，停止向OEM厂商收取对所有出售的PC的总括使用费。

到了1997年下半年，对微软的指控愈演愈烈，比尔·盖茨遇到了以前从未遇过的困难，就连WIN 98的前景也变得难以捉摸了。

比尔·盖茨分析了形势，立刻借助于媒体，直截了当地宣称："我们不认为政府必须参与计算机软件的设计，尤其是当他们想阻挡用户使用新技术时。"

他把批评的矛头直接对准了政府,晓之以理,动之以情,据说连克林顿总统都被他说服了,对他给予了深切的关注。

接着,他向着众多的用户,发出深情的恳求,深深打动了用户们的心,博得了用户们的同情。

1999年6月26日,美国上诉法庭做出判决,宣布司法部指控微软在WIN95内附送IE为无效,消息传出,微软的股价立刻高涨52%,以近期的最高价收市,比尔·盖茨取得了重大的胜利。

在巨大的挑战面前,力图扭转局面,就必须借助市场中对我方有利的因素,团结起一切可以团结的力量,来共同抗争,造成强大的声势,形成对我方有利的局面。

精明的商家都有一个经验之谈,叫作"借船出海"。何为"借船出海"呢?主要表现为利用别人的品牌来大发横财,或是对别人的品牌进行深入研究,取人之长补己之短,进行充分利用,从而形成自己的优质产品。

改革开放以来,我国的许多企业都走了这么一条发展之路。这些企业与国外一些知名企业通力合作,利用他们的品牌、原料、技术和销售渠道,大量出口自己制造的产品,取得了很好的经济效益。

类似这样的"借船出海"在商战史上曾经一再地上演,给我们提供了许多宝贵的经验。

希思被誉为"美国电器业的先锋",他先后研制出了电炉、电壶、电锅等一系列产品,使电器在更广阔的生活领域发挥着独特的作用。

他只身闯入芝加哥推销产品,却发现理查逊公司早已捷足先登,他们使用新式推销法,把生产的电熨斗送入千家万户,连教带修,产品占据了广阔的市场。

聪明的希思灵机一动,打出了自己的广告:"电熨斗能熨平你的衣服,电炉能温暖你的心。"借助大名鼎鼎的理查逊公司的宣传声势,无名小辈希思趁机崛起,电炉与电熨斗结伴而行,一起走进了千家万户。

希思的电炉大获成功,他又借着这股东风,把电锅、电壶送进每一个家庭,为自己创造了巨额的财富。两年之后,他的产品就家喻户晓,他也成了著名的"电器业先锋",闻名四方。

类似的广告宣传还有许多,都是通过对具体环境的巧妙利用,来造成

轰动的效应，给人们留下深刻的印象，以打开产品的销路。

黄楚九在20世纪初的上海滩呼风唤雨，把药店生意越做越大。他是最早注重广告宣传的商家之一，为扩大产品的知名度，他想了许多办法，常常使人在不知不觉之间，就被他的花招所迷惑，成了他广告的俘虏。

这天，上海上空突然升起一只巨大的风筝，人们纷纷抬头观看，还没搞清楚是怎么回事，一大堆花花绿绿的纸片就飘了下来。人们好奇地拾起来一看，原来是他在为他的滋补新药"百龄机"做广告。

风筝广告的效果相当好，他再接再厉，又租了一架飞机，飞到黄浦江上空，把"百龄机"的广告抛下来。这一来引起了全上海的轰动，因为用飞机做广告，在以前还从来没人搞过，他的这个创举，成了当时上海各家报刊竞相报道的新闻。

这还不算，他接着又抛出了新的花招，他在大世界共和厅宴请了100多位老寿星，并请他们都穿上长袍马褂，集体拍照，在报纸上发布所谓的"万龄大会"的消息，为他的"百龄机"做进一步的宣传。

如此这般花招迭出，声势洪大地进行宣传，"百龄机"在上海就达到了家喻户晓的地步，人们纷纷前来购买，仅此一项，他一年就可收入100万元以上，这在当时的上海可是一个了不起的辉煌成果啊。

不仅市场环境可以成为我们巧妙利用的工具，就是国内外的重大政治经济军事形势，也可以被我们巧妙地拿来利用。

当美国派出大批军队，进入海湾地区，对伊拉克实施规模空前的"沙漠盾牌"行动的时候，美国商人们也没有闲着，他们从这场突如其来的战争中，捕捉到了赚钱的大好机会，于是一场商战就在战争的烽烟中同时展开了。

据统计，在美国，至少有1100家公司以这次战争为契机，采取各种方式，为自己大造舆论，提高产品的知名度。

可口可乐公司从美国本土向沙漠中的将士运去大批饮料，并一本正经地宣布："帮助一个出门在外的人，就获得一个终身的朋友，这毫无疑问对每家企业都有好处。"

威尔登体育用品公司向将士们提供了一箱又一箱的鞋油，以便向全世界表明自己的鞋油是质量上乘的，即使是在大漠之中，也同样能使皮鞋保持乌黑发亮。

第八章 计策：善于伪装，诡计多端

还有1万多副扑克牌、两万多箱啤酒、10万多副太阳眼镜等物品，都先后运抵海湾前线，参战部队收到了来自国内工商界送来的不计其数的礼物，使美国大兵在硝烟弥漫的战场上，过得既舒适又惬意。

远在国内的民众只要一打开电视，就会看到"我们在波斯湾的小伙子们"，美国大兵们喝着可乐，吃着罐头，抽着万宝路香烟，摇头晃脑地听着SONY小型收音机……

当美国军队在前线连连奏捷之时，精明的美国商人们也正在数着滚滚而来的钞票，痛饮着庆功酒呢。

我们都置身于全球化的政治经济军事环境中，只要胸怀市场，放眼世界，以敏锐的眼光善于观察，就一定能捕捉到更多、更好的因素来为自己服务，来为自己利用，从而推动自己企业的发展、事业的进步。

 ## 2. 施放烟雾，迷惑对方

制造假象，巧使障眼法，诱惑客户和消费者，造成竞争对手的松懈，就会对自己的行动提供十分有利的帮助，使自己更快地达到目的，全面提升企业的知名度。

为了达到出其不意、攻其不备的目的，我们常常需要把自己的行动掩盖起来，迷惑对方，故意制造一系列假象，使对方上当，对我们疏于防范，好让我们从容行动。

用好听的名词来描述，这叫"智谋"，如果换成贬义的说法，则应称作"诡计"。不管是智谋还是诡计，其作用都是一致的，都是有意施放不同形式的烟雾，来迷惑对方，掩盖自己的行动方向。

制造一种假象，巧使一个障眼法，来造成对手的松懈，对自己的行动该会提供多么有利的帮助啊。精明的商家对此早有心得，运用起来得心应

手,使不明真相的人们纷纷中了诡计,钻进了圈套。

保罗·格蒂是美国富商,著名的世界石油大王,他以区区500美元起家,到去世的时候,他的资产却已达到创纪录的60亿美元,谱写了创业史上的一个奇迹。

从出世的那天起,他就是父母的掌上明珠,因为那时候父亲已经37岁,母亲已经40岁了,所以都对他疼爱有加。过度的溺爱使他养成了许多坏毛病,在学校里成绩一直很差,让父母亲很是失望。他22岁那年,父亲给了他500美元,对他说这就是他未来创业的资本,他应该自立了。从那天开始,父亲每月只给他100美元生活费,而且规定只给两年。

他怀揣这500美元,只身一人来到了被称为"冒险家乐园"的俄克拉荷马州塔尔萨镇。这里盛产石油,许多人蜂拥而来,做着一夜暴富的美梦,到处挖井,他也加入到这支庞大的队伍中来。

他努力学习有关的地质知识,四处奔走,寻找开采石油的机会,但时间很快过去了一年,他还是一无所获。

这天,他听说泰勒农场要被拍卖,而农场的地下很有可能储藏着石油,他立刻赶赴现场,进行察看。

他在农场转了几圈,凭着自己的经验,他估计石油储量一定很丰富,但众多石油商早已闻风而动,对这块地皮虎视眈眈,而他只有区区的500美元,又怎么可能把它拍卖到手呢?

他盘算了很久,终于想出一条迷惑竞争对手的妙计。他来到自己存款的银行,故意不透露谁是真正的买主,要求银行派一名高级职员为他到拍卖现场喊价。

凭着三寸不烂之舌,他终于说服了银行,于是银行的一名高级职员和他一同来到了拍卖现场。

拍卖开始了,银行高级职员率先举起了喊价牌,参加拍卖会的所有人都极为震惊,纷纷猜测这个买主一定大有来头。

大部分人和银行之间有借贷关系,不敢和银行公开竞拍;还有一些人虽说和银行没有来往,但在这种气势的震慑面前,也不得不谨慎地退避三舍。

结果,保罗仅以500美元,就出人意料地买下了这块地皮的石油开发权,而这个价钱,仅是报价的三分之一。

第八章 计策：善于伪装，诡计多端

三个月后，石油打出来了，一小时就出油30桶，一桶油在当时卖2美元，照这样计算，一天就会有1400美元收益装进口袋。

三天后，他就将这块地皮转卖了，净赚12万美元。他用这笔收入继续进行石油交易，钱越赚越多。24岁那年，他回到家中，向父亲报喜，他已经赚够100万美元了。

为提升企业的知名度，达到诱惑客户和消费者的目的，众多商家挖空心思，各使绝技，各种各样的奇思异想，异彩纷呈，令人耳目一新，叹为观止。

在英国伦敦有一家不大的珠宝店，由于缺乏实力，在市场竞争中处于十分恶劣的处境中，眼看就要倒闭了。老板很不甘心，一直在苦苦地寻找机会，以改变这种劣势。

就在这时，英国发生了一件大事，查尔斯王子与戴安娜王妃举行了异常隆重的婚礼，成了轰动全世界的一大新闻。老板很快想出了办法，他立刻派人在伦敦的大街小巷到处寻找长相酷似戴安娜王妃的美女，老天有眼，他总算如愿以偿，找到了一位，然后他请人为她异常精心地梳妆打扮，把她塑造成戴安娜王妃的模样，聘请她为店里的高级模特，来进行别具一格的营销活动。

他的珠宝店立刻布置一新，假戴安娜王妃乘坐豪华轿车，来到这里选购商品，顿时引起了极大的轰动，许多人前来围观，造成交通严重堵塞，警察闻讯，急忙前来维持秩序。电视台的记者也匆忙赶到，进行了新闻报道。

这家珠宝店就这样声名远扬，人们纷纷前来选购珠宝商品，生意前所未有的火爆，老板高兴得哈哈大笑。

英国皇室发言人对此事极为恼怒，指控老板犯了诈骗罪，把他告上了法庭。但他对此早有预见，因此在记者采访的纪录片中，他再三要求只播图像，不播声音。由于电视中并没有直截了当地指明那就是戴安娜王妃本人，法院也就无法据此做出裁决，店老板幸运地逃脱了被判刑的厄运。

虽说他被许多人视为骗子，在背后被人指指点点，但店里的生意却从此好转起来，让他从即将破产的困境中解脱了出来。

在与对手的竞争中，制造一系列假象，能使自己更快地达到自己的目的，那么在产品销售上，是不是也可以通过这种方式，来销售出更多的产

品呢？答案是肯定的。如果你的某种产品处于滞销的状态，那么你就可以对这种商品做一番改头换面的处理，以一种新的面目出现在市场上，局面就会得到有力的改变。

举世闻名的P&G公司在起家之初，是生产一种极其普通的肥皂的。他们生产的肥皂和其他厂家的并无太大区别，成分大同小异，性能不相上下，怎么样才能在市场上占据绝对优势呢？

公司的奠基人普洛斯特想了很久，想出了一个绝招，他把肥皂的颜色变成了白色的，与其他厂家又粗又黑的肥皂形成了鲜明的对比。他还别出心裁地为自己的肥皂取名为"象牙肥皂"，以表明它手感细腻、外观洁白的特征。

与此同时，他还发动了声势浩大的广告宣传，开创了许多前所未有的广告新形式，比如连环画式、收集包装纸换取奖品方式，聘请科学家进行化验报告方式，等等。这些方式加大了宣传的力度，把一种普通的肥皂渲染成了消费者心目中的"洗涤之王"。

在他之前，广告从来没有如此大张旗鼓地使用过，他开创了一个广告的新时代，终于把自己的公司发展成了规模异常庞大的国际性财团，取得了意想不到的成功。

仅仅改变了外观，普通的肥皂就能脱颖而出，很快占据市场，这种手段是多么高明啊。巧妙地制造假象，施放烟雾，对我们的市场竞争是十分有益的，市场人士理应在这方面多下功夫，以便收到更好的成效。

 3. 声东击西，各个击破

在市场竞争中，我们也要善于使用"声东击西"的计谋，故布疑阵迷惑对方，造成出其不意的攻击效果，让对手把弱点全部暴露出来，被自己各个击破。

第八章 计策：善于伪装，诡计多端

俗话说："一窍不得，少挣几百。"在市场竞争中，如果能够掌握一个别人所不了解的经营窍门，那么多挣下的财富就不仅仅是几百，而是成千上万了。

"声东击西"就是这样一种高明的窍门，它本是三十六计中的一计，意思是说在攻击时至少同时攻击敌人的两个目标，其中的一个目标是佯攻，用于迷惑敌人，吸引敌人的注意力，一旦敌人上了当，我们才集中优势兵力，在另一个目标采取主攻。

早在"三十六计"出现之前，在我国另一部兵书《六韬》中就鲜明地提出了"欲其西，袭其东"的军事思想，是声东击西计谋的最早表述。可见，这一计谋是有相当悠久的历史的，在数千年的历史发展过程中，无数军事家用自己的智慧和军事才能，给它赋予了更丰富的内容，使它焕发着夺目的光彩。

世界船王丹尼尔·洛维洛就是在某一天突然悟到了这一窍门，才彻底改变了一贫如洗的面貌，变成亿万富翁的。

在40岁以前，他一直干得十分辛苦，虽说付出了艰辛的劳动，但在变幻莫测的市场竞争中，他还是有几次险些陷入绝境。到底应该怎么样才能改变自己的处境呢？他苦苦思索，终于想出了一个办法。

他向银行贷款买了一艘油轮，然后把油轮租给一家石油公司，每月收取一定的租金。

这是通常的做法，被商人们通称为"借鸡下蛋"或"借船出海"，但他却并不到此为止，而是异想天开地把这种做法向前推进了一大步。接下来，他把油轮的租契交给银行作为抵押，再向银行申请另一笔贷款。他每月从石油公司收到的租金，正好可以每月分期还清这笔贷款。所以，银行只要拿着这张租契，按月向石油公司收取租金，他就可以高枕无忧了。

银行的工作人员听了他的陈述，虽感觉十分惊讶，但最终还是同意了，因为那家石油公司的信誉是一流的，银行不用担心这笔贷款的本息被拖欠。

就这样，他拿着刚刚贷来的款子又买下了一艘旧货轮，再改装成油轮，又租给石油公司。

再接下来，他的方法就是故伎重施，他又把租契抵押给银行，再去贷

另一笔款子，再去买另一艘船。

如此这般一番运作，他在很短的几年时间里，就建起了自己的一支船队。而在这个过程中，他没花自己一分钱，就轻而易举地跨进了富豪的行列中。

得到了"无本万利"的巨额财富后，他灵机一动，又冒出了一个更妙的主意：以前造船总是用自己已经有的船做抵押，来向银行贷款，那么能不能用一艘还没造出来的船做抵押呢？

于是他又来到银行，把自己的打算一五一十地讲出来：他先设计好轮船，找好雇主，签好合约，然后拿着这个合约做抵押，向银行申请贷款。当轮船造成下水，银行就可以向他的雇主收取租费，直到贷款的本息全部用租费还清，他就名正言顺地拥有了自己的船。

银行的工作人员个个听得目瞪口呆，他们从没想过此种贷款方式。但转念一想，收回本息不成问题，银行不会担什么风险，那么贷款给他，不就是双双受益的好事吗？

接着，他就开始忙碌起来了，忙着造船，忙着与雇主签约，忙着与银行签约。他的船队在迅速地膨胀，再加上天公作美，第二次世界大战爆发了，美国政府把他造的每一艘船都买了去，他的财富在神奇般地不断增长着。

最终，他拥有了二三十亿的资产，拥有了世界第一的私人船队，成为名副其实的世界船王。

人才对企业的发展是至关重要的，精明的企业家无不重视对人才的挖掘和使用，一旦发现重量级的人才，就不惜花费巨资，用尽心机，誓把人才招到自己麾下。

日本著名的松下电器公司之所以能迅速地崛起，也是与其创始人松下幸之助善于争夺人才息息相关的，有一次，他曾动用两亿日元，来争夺一名电器工程师，被人传为美谈。

当时彩色电视机的制造才刚刚起步，彩色显像管的质量问题就显得十分关键。工程师本太名付出了艰苦的努力，在这方面取得了突破性的进展，腾田电器公司得到消息，立刻付出了一笔巨款，买下了专利，并用高薪把本太名招聘进自己的公司。

松下幸之助得到消息，已经迟了一大步，眼看着腾田电器公司如虎添

第八章 计策：善于伪装，诡计多端

翼，彩电的生意越来越好，而自己的公司却因为图像的不够清晰而造成销路不畅，怎不令他忧心如焚呢？

他当即做出决定，不管花多少钱，也要把本太名挖到自己的公司来。但遗憾的是，本太名感于腾田公司的知遇之恩，婉言谢绝了松下的邀请。

正面进攻不成，松下就想出了"声东击西"的计策。他调查到本太名有一个哥哥叫山本五郎，正开着一家股份公司，他就暗中抽调巨资，不惜花费高价，大肆收购山本公司的股票，在很短的时间里就控制了山本公司51%的股权。

在这次收购行动中，他共投入了两亿日元，真可以算得上是不计血本了，接着他就立刻向山本提出了重组董事会的要求，山本公司面临着被他一口吞下的危险。

山本无奈，只好向弟弟求助，因为松下的条件很简单，就是不惜代价，请本太名加入自己的公司，本太名陷入进退两难之中。

腾田公司老板听到消息，惊慌不已。为了留住本太名，他亲自出马，找到松下，请求松下放弃本太名，他情愿把本太名的专利无偿奉送。

松下可不是傻瓜，当然清楚人才比技术更重要，绝不让步。本太名无计可施，只好到松下公司来上班，才避免了山本公司被人吞并的厄运。

"兵者诡道也"，在商战中，只有善于使用计谋，才能让对手按着自己的部署，听从调遣，把弱点全部暴露出来，被自己各个击破。故布疑阵迷惑对方，造成出其不意的攻击效果，是每一个市场人士所梦寐以求的，只要善于使用此计，就必能实现自己的预定目标。

 **4. 善于乱中取利**

在市场竞争中，我们要充分利用国内外政治经济军事形势的动荡，抓住对方的失误与倒退，通过一定的策略，扩大自己的市场占有率，为自己创造更大的发展机会。

渔夫在摸鱼的时候，总是先把水搅浑，让鱼晕头转向，在水中辨不清东南西北，然后再突然出手，捉鱼往往就会十拿九稳了。

这叫作"浑水摸鱼"，在"三十六计"中位居第二十。古往今来的许多军事家都是善于浑水摸鱼的，他们故意散布虚假消息，挑拨敌人的关系，造成敌人之间的混乱和矛盾，然后再趁机发动攻击。

"浑水摸鱼"的核心就是乱中取利，只有设法令对方乱作一团，才能为我方的取利行动创造良机。

在市场竞争中，要想从中把"大鱼"摸回去，也必须具备把市场这片水搅浑、造成一定程度的混乱的本事。

不少唯利是图的商人为了达到牟取暴利的目的，不惜大肆生产、销售假冒伪劣产品，严重损害了消费者的利益，冲击了市场的正常经营秩序。这就是一种乱中取利的表现，不过却是一种极其拙劣的手段，虽能得逞于一时，但却不能获利于一世，是会遭到绝大多数市场人士的唾弃的，我们千万不能走上这条不归路，为自己的事业带来无法恢复的恶果。

我们在这里所提倡的"乱中取利"，是指在不违法乱纪的前提下，通过一定的策略，充分利用对方的失误和倒退，扩大自己的市场占有率，为自己找到更大的发展机会。

英资怡和财团多年来一直雄踞香港，以其雄厚的经济实力，不断扩大

第八章 计策：善于伪装，诡计多端

经营规模，几乎垄断了香港的经济命脉。香港的华资企业虽然为数众多，但却势单力薄，各自为战，处于被动的服从地位。

20世纪70年代，怡和财团野心勃勃，抽调巨资，向中东大肆扩张，不料事与愿违，连连遭遇挫败，造成了严重的亏损。

值此大好时机，华资企业养精蓄锐，大力发展自己的业务，趁怡和财团无力兼顾之时，一点一点地抢去原属怡和财团的市场份额，李嘉诚、包玉刚等一大批华资企业正是在此时迅速崛起的。

1980年，李嘉诚、包玉刚联手出击，从怡和财团手中成功地夺去了有"风水宝地"之誉的九龙仓，吹响了向怡和财团发动进攻的冲锋号。

接着，又通过一系列惊心动魄的收购大战，完全改变了香港的经济格局，使怡和财团落入苦苦自保的危险境地之中。

在收购九龙仓的三方角逐中，李嘉诚趁乱出击，见好就收，兵不血刃，就获取了巨大的利益，是"乱中取利"的一大典范。

当时李嘉诚的企业已经具备比较雄厚的经济实力，作为华资企业的佼佼者，他决心收购九龙仓，从怡和财团手中抢回这块风水宝地，为备受英资财团欺压的华资企业们出口恶气。

他不动声色，抽调巨资，悄悄吸纳九龙仓股票。正在这时，号称"世界船王"的环球航运公司总裁包玉刚做出了"登陆"的决策，也相中了九龙仓这块宝地，不仅大量抢购九龙仓股票，还公开宣布展开收购行动，致使九龙仓股票狂升不止，从十几元直升到四十多元。

三方角逐，局势一派混乱。怡和财团大为恐慌，急忙向汇丰银行求助，得到了汇丰银行的坚定支持。

李嘉诚分析了形势，认为自己与包玉刚的目标是一致的，如果自己继续进行收购，必将与包玉刚展开一场收购大战，造成"鹬蚌相争，渔翁得利"的不利局面。于是他果断地做出决定，将自己暗中吸纳的股份卖给了包玉刚，获利五千多万港元。

为感谢李嘉诚的承让，包玉刚特意把自己持有的和记黄埔股票转让给了他，使他赚取了可观的收益。

接下来的好戏就在包玉刚与怡和之间展开了，为取得超过49%的股份，行事果敢的包玉刚动用了高达30亿港元的巨资。怡和财团也急红了眼，疯狂反扑，居然开出了一股90元的高价来进行反收购。

包玉刚更是胆识过人,气势如虹,以每股105元的天价进行强行收购,终于迫使怡和财团甘拜下风,九龙仓成功地落入他的手中。广大香港市民欢欣鼓舞,奔走相告,无数华资企业昂首挺胸,扬眉吐气。

包玉刚对李嘉诚的支持铭记在心,事成之后,又以相当优惠的条件,把西环的货仓大厦交给他来设计,使他又获取了丰厚的利益。

在极其混乱的局势中,李嘉诚措施得当,进退适宜,既避免了与怡和财团正面交锋的极大风险,又赢得了包玉刚和香港市民的广泛赞誉,收获了巨额的利益。更奇特的是,由于他的及时退出,他竟同时获得了汇丰银行的好感,密切了与汇丰银行的业务关系,为他日后争夺和记黄埔奠定了基础。

对方的困境就是我方乱中取利的大好机会,如果能够不失时机地抓住,就能以较小的代价,来获得战胜对方的巨大胜利。

此外,国内外政治经济军事形势的动荡,也会带来一定的商机,如果能够胆大心细,眼明手快,及时地进行乱中取利,收获也将是十分丰厚的。

1875年春天,一场大规模的瘟疫在墨西哥爆发了,美国肉类加工业巨子菲利普·亚默尔得到消息,迅速派出自己的私人医生,前去实地考察,证实消息十分准确。

亚默尔断定,这场瘟疫一定会通过德克萨斯州和加利福尼亚州传到美国,势必会造成这两个州的肉价上涨,而这两个州又是美国肉类的重要供应基地,在这场突如其来的天灾面前,肉价一定会大涨特涨。

于是他立刻做出决定,抽调全部资金,抢购这两个州的肉牛和生猪,再把它们火速运往美国东部。

时隔不久,瘟疫就以不可阻挡之势,迅速扩散到了美国。这两个州的一切肉食都禁止外运,造成国内肉类的极其短缺,肉价持续不断地狂涨。

亚默尔把手中储存的肉类全部高价出售,净赚900万美元,而这笔巨大收益仅仅是在短短几个月间完成的。

利用对方的混乱,来获取巨大的收益,这已经成为市场人士的共识,因此在等待对方出现混乱的同时,还要千方百计做好自己内部的稳定工作,坚决避免出现"窝里斗"之类的现象,防备自己成为对方乱中取利的目标。

在我国的对外贸易中，有一段时间，就曾出现过一定的混乱局面。比如中草药的出口，就曾有众多的厂家一哄而上，争相采摘、加工，企图赚取更多的外汇。但结果呢，却造成了恶性竞争，迫使厂家不得不大幅降价，使外商大获其利，给国家造成了不小的损失。

这样的混乱局面在企业内部是绝对不允许出现的。在向对方乱中取利的同时，一定要加强自身的凝聚力，使自己经得起市场的考验，永远坚定地向前。

5. 出奇兵，暗度陈仓

不为对手察觉的行动才是最可怕的行动，在市场竞争中，我们必须动一番脑筋、下一番功夫，想出一些奇招、妙招，如一支奇兵横空出世，为自己的发展创造出良好的机遇。

"暗度陈仓"的典故来自于我国历史上的一次著名战役：楚汉相争时期，汉将韩信准备率兵征伐项羽，为造成奇兵天降的攻击效果，他有意派出大队人马大张旗鼓地去修筑古栈道，摆出一副从古栈道出征的姿态。项羽中了计，把重兵集结于栈道边上。韩信见妙计成功，就立刻亲率大军抄捷径直出陈仓，迂回到楚将章邯的背后，打了楚军一个措手不及，平定了三秦，为夺取全国胜利奠定了基础。

"暗度陈仓"是三十六计中的第八计，其具体做法是先做出一副轰轰烈烈的假象，掩盖住暗中的军事行动，以便实现"暗出奇兵"的军事目标。

不为对手察觉的行动才是最可怕的行动，将给对手带来灾难性的打击，在神鬼不知的行动中，我方的胜利就来到了。

"暗度陈仓"的核心是"奇"，要出其不意，出奇制胜，在别人没有想到的地方选择行动的突破口。市场竞争也是如此，没有奇招妙招，只是

随波逐流，跟在别人后面跑，是一辈子都不可能赚大钱的。

成功的商家常常会想出与众不同的点子来，使自己的经营活动不拘一格，别开生面。也正是因为他们的思维方式与别人不一样，才在经营上做到了出奇制胜，大获成功。

香港首富李嘉诚成立了一家卫星电视公司，他把卫视的经营大权交给了儿子李泽楷，来试试儿子的经营才能。

卫视经营是相当不容易的，市场竞争相当激烈，许多人都担心李泽楷会赔得血本无归，甚至还有人别有用心地预言，李泽楷办卫视，至少要亏损30亿元。

李泽楷就在人们的猜疑声中走马上任了，他在自己的办公室安装了一面电视墙，24台电视同时打开，使他能把当时的所有电视节目都一览无余。

经过一段时间的市场考察，他为公司确定了一个购片的原则：花小钱，买好片。公司的职员们对此很不理解，他就解释说，只要放弃当前最热门的影片，专门选购那些质量上乘但已经过时的旧片来插放，就能达到目的。

职员们对此半信半疑，但还是按照他的部署去做了。那些旧片虽已过时，但却曾经创造过辉煌的播放纪录，有不少观众对它们很感兴趣，愿意重温历史；更重要的是，他还特别重视那些虽在国外红极一时，但在香港电视台却从未播放过的旧片，以极低的价格买进后，在卫视台播出，立刻吸引了不少观众。

卫视的收视率节节攀高，广告商纷纷找上门来，在短短两年间，卫视的广告收入就达到了36亿元。

这引起了富商默克多的极大兴趣，默克多向李泽楷提出，愿意以较高的价格，收购卫视。经过谈判，默克多付出了95亿美元的天价，使李泽楷收获了巨额的财富。

在李泽楷经营卫视的整个过程中，他总共投入125亿美元，仅仅经过两年时间的成功运作，就收获了10倍以上的财富，使他顿时名噪一时，人们不由地连声赞叹："将门出虎子，李嘉诚的儿子就是不简单！"

在强手如林的市场中，要想使自己的企业由弱到强地发展起来，是必须动一番脑筋、下一番功夫，想出一些奇招、妙招的。这些奇招妙招就如同那支暗度陈仓的奇兵一样，突然出现在市场之中，就会引起广泛的关

注,造成轰动性的影响,提高自己企业的知名度,为自己的发展创造出良好的机遇。

英国大富豪、维珍集团董事长布兰森是非常热衷于进行各种标新立异的行动,来吸引公众的注意的。

1997年他突然迷上了热气球,那年1月,他乘坐热气球,进行他有生以来的第一次环球飞行,成了当时的一大新闻。要知道,像他这样身价亿万的大富豪,一举一动都是新闻,更何况是如此破天荒的举动,更足以引起全国的轰动了。

但遗憾的是,因为技术原因,这次飞行失败了,他被迫降落在阿尔及利亚的一个结了冰的湖面上。

他并不气馁,到了这年的12月,他又一次坐到了热气球上,但运气同样不佳,热气球在摩洛哥脱离绳索飞走了,环球飞行又以失败而告终。

第二年,他总结了前两次失败的教训,决定再次出征,并且还要创造不间断环球飞行的世界纪录,可是事与愿违,他仍旧没有成功。

虽说三次壮举都失败了,但他的名字却通过电视报纸的报道,传遍了全世界。那些对他曾经一无所知的外国人,从他的三次环球飞行中,对他有了全面的了解,对他的公司也留下了极其深刻的印象。

那些日子里,报纸电视上到处都是他的形象,他自豪地告诉记者说:"我喜欢挑战,喜欢挑战自己的极限,我喜欢征服未被征服的领域,包括个人生活和事业上的挑战。"

从此,他的名字举世皆知,他的公司也随之传遍世界的每一个角落,扩大了影响,业务一派蒸蒸日上。

1996年,他在伦敦开了一家"维珍新娘"公司,专门提供婚礼服务。为给公司做宣传,他特意穿上一套价值1万美元的白纱新娘礼服,出现在社会公众的面前,当即成了当天的头条新闻。

在庆祝维珍航空公司开通飞往东京的两条新航线的时候,他专门打扮成海盗,令人耳目一新,达到了很好的宣传效果。

在一条宣传公司的电视短片中,他甚至赤身裸体,在英吉利海峡神采奕奕地裸跑。

《福布斯》杂志是这样评价他的:"大家都在期待他的花招,甚至是更诡异的行为——他愿做任何事,只要能宣传他最新的投资事业。他那张

稚气未脱的脸，就等于维珍的企业形象。"

只有具有军事家的头脑，在市场竞争中妙计迭出、奇兵天降，才能使自己取得出其不意的经营成果，收获巨大。

6. 笑里藏刀，博取信任

把自己的动机掩饰起来，以忠厚的外表接近对方，博取对方的信任，就能寻找到更好的机会，把对方一口吞下。

把赚钱的目的藏在心里，把和善的外表呈给顾客，博得顾客的友谊和信任，就能使自己声名远播，巨大的财富滚滚而来。

有一个"披着羊皮的狼"的故事，流传很广，家喻户晓：

狼为了偷吃羊圈中的羊，就想出了一个聪明的办法。它把一只羊的皮披在了自己身上，趁牧民赶羊入圈的机会，混入羊群中，神不知鬼不觉地溜进了羊圈。

到了夜里，牧民睡觉去了，狼就露出了自己的狰狞面目，把羊咬死，大吃猛吃。

一连几天，牧民都发现自己的羊在奇怪地丢失，百思不解。牧民经过认真观察，终于识破了狼的狡计，从狼的毛绒绒的尾巴上戳穿了狼的身份，狼才俯首就擒。

把自己的身份掩饰起来，给人以忠厚的外表，内里却暗藏杀机，这就叫做"笑里藏刀"，是三十六计中的第十计。这一计素以阴险著称于世，善使此计者常被我们视作奸诈小人。

商人谋利，天经地义，不追求利润的最大化而尽做善事的人，绝对不会是成功的商人。但另一方面，片面地追求利润，甚至不惜做出坑蒙拐骗的勾当，来"黑"宰顾客，也同样是不足取的。

第八章 计策：善于伪装，诡计多端

在一些小店里，"宰客"的现象屡见不鲜，甚至还多次宰到熟人的头上。过去人们常说"老乡见老乡，两眼泪汪汪"，现在则变成了"老乡见老乡，背后打一枪"，这样的营销行为是极其错误的，只能带来眼前的微小利益，失去的却是难得的声誉和更广大的顾客群。

"笑里藏刀"虽说够黑、够狠，令人谈之色变，但在市场竞争中还是大有用武之地的。为了消灭对手、吞并对手，必要的时候还应该以一副笑脸来接近对方，以便寻找到痛下杀手的机会。

鲁珀特·默克多是澳大利亚富商，21岁的时候，他从父亲那里继承了一个出版集团，然后他花费毕生的心血，把这个出版集团发展壮大，在世界许多国家都建立了自己的出版公司、电视网、广播网，成为在全世界都有广泛影响的著名传媒大亨。

在20世纪60年代之前，他的业务还主要集中在澳大利亚国内，在世界上的影响还不大。1968年10月，他得到消息，英国著名的《世界新闻报》发生了意外变故，给他提供了进军英国的大好机会。

《世界新闻报》是由著名的世界新闻公司完全控股的，总裁威廉·卡尔持有公司27%的股份，第二大股东德雷克·杰克逊持有25%的股份。由于对公司的经营策略产生了严重分歧，德雷克·杰克逊决定把自己持有的股份转让给富豪罗伯特·马克斯韦尔。

得知此事，威廉·卡尔十分震惊，他深知马克斯韦尔十分狡诈，如海盗一般不择手段，如果让马克斯韦尔进入董事会，那么要不了多久，这家由他父亲一手创办的报纸就将断送在他的手里。他本就身体不佳，这一来，更是又气又急，躺倒在医院的病床上了。

默克多了解到事情的经过，立刻心情振奋，天赐良机就在眼前，他是绝对不会放过的。他马上详细了解了世界新闻公司的所有情况，然后悄悄飞抵伦敦，前来拜会威廉·卡尔。

在最初的会面中，他表现得十分诚恳，时时处处替威廉·卡尔着想，很快博得了威廉的好感，他在伦敦滞留了好几天时间，与威廉进一步接触，完全摸清了威廉的底细，以便采取更恰当的行动。

通过接触，他断言威廉是无力阻挡马克斯韦尔进入董事会的，于是决定向威廉摊牌，直接提出由他本人来担任董事长。

威廉没想到前门打虎，后门进狼，听到他的要求，立刻给予了断然拒

绝。他明白自己有点操之过急了，于是就改口说由他与威廉的侄子克利弗一起来做联合执行董事长，威廉同意了。

他们商定了共同抵御马克斯韦尔的策略，决定由公司发行更多的股票，以便让默克多在短时间内控制公司40%的股票，与威廉一起持有半数以上的股权使马克斯韦尔无机可乘。

这个消息公布于世后，马克斯韦尔大为恼怒，对默克多进行了严厉抨击，但默克多毫不示弱，坚决给予了还击。

很快，公司40%的股权就拿到了默克多的手里。默克多看到时机成熟，就向威廉卡尔再次提出要做公司唯一的董事长，否则他就以退出相要挟。事已至此，威廉再也没有办法拒绝，只好很不情愿地同意了。

1969年1月2日，默克多收购事宜被公司股东大会表决通过，他志得意满地把公司的经营大权牢牢抓到了手里，取得了进军英国的决定性胜利。

在具体的经营活动中，高明的商家都是非常注重自己的企业形象，以便以优质的服务，博取消费者的广泛信任，得到更多的客户。这同样是"笑里藏刀"的运用，只有笑得越迷人，才越能把消费者口袋里的钱掏出来，变成自己的利润。

日本明治糕点公司有一天非常郑重地在报纸上刊登了一则"致歉声明"，声称自己的公司因在操作中出现失误，致使最近生产的巧克力豆中碳酸钙的含量超标，公司请求购货者前来办理退货事宜。

这则声明说得何等诚恳，似乎把顾客的人身安全放到了至高无上的位置上。但事实上大家都清楚，碳酸钙多一点对人体健康并无太大影响，公司此举完全是"醉翁之意不在酒"，为的是吸引顾客们的注意。

结果呢，仅有很少的一些顾客前去退货，而与此形成鲜明对照的是，前往公司购买产品的人却越来越多了。

把不合格的产品放弃了，表面看来会给自己造成一定的损失，但如果以更长远效果来衡量，却恰恰能增加几倍、几十倍、几百倍的收益。对这笔明细账，精明的商家是算得十分清楚的。

在美国有一家大型超级市场，有一天突然把大桶大桶的牛奶当众倒进了下水道里，而且还一本正经地发表声明，说这些牛奶已经过期，为顾客的身体健康考虑，商家才采取此种断然行动。

超级市场的行动犹如把大把的钞票白白扔掉一般，是很可惜的，确实

给自己造成了一定的经济损失。但当时围观的人特别多,公司的信誉就借着这些人的嘴巴远远传播开来,所带来的潜在经济效益却是远远超过这点损失的。

更妙的是,商家还有更绝的一手:卫生检疫部门非常及时地送来了化验报告单,宣称牛奶并没有变质,仍可继续食用。这一戏剧性的变化经过报刊媒体的大力渲染,传播得妇孺皆知,成了一条极富轰动性的新闻,这家超级市场的声誉也就不胫而走。

把赚钱的目的藏在心里,只把和善的外表呈给顾客,博得顾客的友谊和信任,就能赚得更大的财富,这才是正确的经营之道,也是自己发展壮大的坚固基石。

第九章 取舍：勇于割舍，保存实力

　　市场经营，风险与机遇并存，在收获利润的同时，市场人士一定要牢固树立风险意识。要审时度势，当机立断，在不利的处境中勇于割舍，为企业的下一步发展保存住宝贵的实力。

　　在必要的时候进行壮士断腕式的割舍，是正确而及时的；舍小保大，化整为零，都是保存实力的果断举措；而预留退路，以退为进，着眼于对风险的的防范，则显得更加高明。

　　市场人士必须根据自身的具体情况，做出明智的决断。

 1. 当断不断，反受其乱

"当断不断，反受其乱"，是一句至理名言，说明了当机立断的重要性。但如何决断，如何取舍，却大有学问。学会决断，学会取舍，就能在下一步的发展中把握住主动权。

"三十六计，走为上"，这句话恐怕是"三十六计"中流传最广的一句话了，对"三十六计"一知半解甚至毫无了解的人都对这句话知之甚深，而且还常常用这句话来掩饰自己的胆怯和退缩。

但这是不是意味着大家都知道如何割舍、如何保存实力了呢？显然不是的。一遇危难就惊慌失措，抱头鼠窜，显然是对此计的片面理解，是不足取的。

能够坚持的时候却退缩了，是胆怯；不该硬干的时候却选择了蛮干，是无知。能够审时度势，当机立断，这才算得上明智。只有懂得进退、知道取舍的人，才是智者，才能在复杂的形势面前把握住主动权。

日本著名企业家松下幸之助说："武功高强的人，往回抽枪的动作比出枪时还要快。与此同时，无论搞经营，还是做其他事情，真正能做到不失时机地退却者，才堪称精于此道。"

古人说："退一步海阔天空，忍一时风平浪静。"能退、能忍的人就是富有人生智慧的人，就能在人生路上走得更长远，就会在市场经营中获取更大的成功。

中国百龙绿色科技所总裁孙寅贵也说："蹲下去跳，总会跳得高些。"他以自己闯荡市场的成败得失总结出了这个宝贵的经验，提示我们在必要的时候应该做出果断的割舍与退让，才能在下一步的发展中把握主

动权。

然而，在市场中我们却经常看到一些勇气盖世的"豪杰"，他们勇往直前，拼命地蛮干，撞了南墙还不回头，赔得血本无归却只会怨天尤人，到底该怪谁呢？不知进退的人是缺乏经营头脑和人生智慧的糊涂虫，失败的命运是早就注定了的，因此临事无法决断，决策一错再错，只落得欲哭无泪的悲惨下场。

邱永汉是台湾著名作家，同时又是台湾著名证券分析师，只要他写文章说哪一只股票会上涨，那只股票就会神奇地大涨不止，因此他被人们誉为"股市神仙"。他投资股票，投资不动产，收益很大，日进百万，令人羡慕不已。

可是他最初踏进证券市场的时候，也曾失败得一塌糊涂。当时他对证券知识一无所知，就大胆地决定去试一试。他看着股票的指数在不停地变动，觉得无所适从，不知道该买什么股票好。他反复考虑，认为还是保守一点好，尽量节省，比现价低一些才买进。

他决定买"日本邮船"股票，当时股价是38日元，他决定等到37日元再买。可是他等了好几天，股价就是掉不下来，不得已，他只好放弃。

他又把目标瞄准了"丰田汽车"，这是家世界闻名的大公司，买了它，自己心里觉得踏实。尽管股价有600日元，他还是狠了狠心买了。物有所值嘛，也许要不了多久，股价涨上去了，他就可以赚一辆丰田车了。

然而事与愿违，"丰田汽车"股价大跌，每股净亏100日元，他一下子损失了买两辆汽车的钱。而与此同时，"日本邮船"却上升到了70日元。

他懊悔不已，心乱如麻，不知道下一步该怎么办。如果再跌下去，他的损失不是更大了吗？是不是应该把"丰田汽车"赔着卖掉？他无法决断了……

在走投无路之际，他来到丰田汽车公司参观，对这家现代化的公司有了全面的了解，重新树立了信心，又坚定地把股票持有下去。终于他赚了钱，还赚得不少呢，足以买一辆新车了。

"当断不断，反受其乱"，是一句至理名言，说明了当机立断的重要性。但如何决断，如何取舍，却大有学问，并不是每个人都能看得清清楚楚的。尤其是身在局中之人，更是瞻前顾后，茫茫然不知怎么办好，往往要经过艰难的磨炼之后，才能锻炼出自己的决断本领。

埃瓦尔·雷奇于1967年毕业于印度工学院，然后进入美国密西根工业大学留学，取得了硕士学位。尽管他的学业相当优异，本人也很有才能，但遗憾的是，他在美国无论如何都不能找到合适的工作，使他大显身手。

于是他决定与人合伙，成立一家公司，生产一种能使笔记本电脑与局域网相连接的板卡。虽说他有才能，有技术，但让人最头疼的却是缺乏资金。

经过多方寻找，他好不容易找到一个投资人，公司终于成立起来，并运转了。这是个多么令人兴奋的事情啊，但接下来的事情就不怎么令人愉快了。

另外一个才能平平的人成了实权在握的总裁，公司的经营情况急转直下，在这危急关头，董事会才任命他接任总裁。

他觉得大展抱负的机会到了，就全身心地投入，废寝忘食地工作，终于使公司走出了困境。到了1987年公司还发行股票，准备公开上市，他也被一家杂志评为本年度的优秀企业家。

正在春风得意之时，董事会又出人意料地做出了一个决定，让他担任空有其名的董事会主席，而把实权在握的总裁之职交给一个叫摩尔的人。

摩尔干了大半年，就辞职不干了。群龙无首，公司的经营又受到了影响。董事会只好再请他出马，他忍辱负重，再次挑起了这副重担，使公司又走上了稳步发展的健康轨道。

但到了1992年，类似的情况又一次发生了，他又一次失去了总裁的职位，眼睁睁看着公司的经营状况一天比一天糟。他提出了许多建议，希望改变公司的现状，可是没有人肯听，他痛苦极了。

万般无奈，他于1995年向公司递交了辞职信，而这时，他已经50多岁了。

当看到自己的印度同乡在经营中遇到了不少困难时，他坐不住了。他通过"印度企业联盟"与他们相识，认真倾听他们的困难，为他们出主意，想办法，使他们的生意更快地发展起来。

有许多印度老板听从了他的建议，经营状况得到了明显改善，有的甚至登上了硅谷企业家的峰巅。他对自己的表现十分满意，高兴地说："他们只要和我在一起谈上一个小时，就会获益匪浅。"

出于对他的感激，有不少在美国做生意的印度老板都亲切地叫他"爸

第九章 取舍：勇于割舍，保存实力

爸"。他的声誉远近传播，连大名鼎鼎的《福布斯》杂志都把他选为封面人物，给了他很高的荣誉。

瞻前顾后，犹豫不决，将会贻误大好商机，因此，学会决断，学会取舍，就成了市场人士必须要面对的一大课题。

 **2. 壮士断腕，果断放弃**

在市场竞争中，我们常常会面对一些困境，虽说壮士断腕，痛彻肺腑，但不进行割舍，又会影响全局，因此忍得一时之痛，果断放弃，就成了无奈之中的英明选择。

在市场竞争中我们常常会面对一些情况，迫使我们不得不做出"壮士断腕"的壮举。比如某种产品已经严重滞销，是不是应该果断停产呢？再比如某个分厂亏损严重，是不是应该让它倒闭呢？诸如此类的问题常常困扰着我们，能不能果断放弃，就成了我们心中永远的痛。

谁都知道，放弃某一部分，就如同从自己身上割去一块肉一般，是痛彻肺腑的。但如果不进行割舍，又会影响全局的正常经营，因此忍得一时之痛，做出壮士断腕的壮举，就是无奈之中的英明选择。

被誉为"美国电器业的先锋"的希思成功地研制了电炉、电锅、电壶等产品，在自己的家乡进行推销，尽管他花费了不少精力和心血，多方奔走了四年，但产品就是无法打开销路。

在这四年中，他几乎跑断了腿，磨破了嘴皮，但就是无法说服当地人接受这些新产品。接连不断的失败使他明白了一个事实，他的家乡过于偏僻，人们的文化程度普遍不高，大家对使用电器存有一种莫名其妙的恐惧，虽说他一再演示讲解，反复强调产品的安全性能，但人们还是对他连连摇头，顽固地使用他们早已使用过几辈子的那些器具。

面对这般现实，希思痛苦地决定放弃，出力不讨好的事情谁都不愿干，他可不想再把工夫浪费在这里。他从家乡的电器市场上退了出来，然后果断地奔赴现代化大都市芝加哥，很快就使自己的电器占据了庞大的市场。

希思感慨地说："如果我还呆在那偏僻的小城，将永远不会有今天辉煌的业绩。"

在两强相争的激烈对峙中，进与退、取与舍就成了双方的痛苦选择。只有当机立断，果断割舍掉那些无用的东西、无法得到的东西，才能使自己在下一阶段把握先机。

美国哈瑞尔公司发现了一个难得的市场机会，清洁液市场无人关注，他们就立刻投入大量的人力物力，研制出了"配方409"清洁液，很快占领了市场，取得了很好的业绩。

被称为"日用品大王"的宝碱公司坐不住了，他们很快研制出了"新奇牌"清洁液，凭借强大的经济实力，在丹佛市场进行规模空前的试销，攻势相当凌厉。

哈瑞尔公司见状，知道无力抗拒，就果断地放弃了丹佛市场，"配方409"清洁液很快就失去了踪影。

宝碱公司初试锋芒，就大获成功，于是更加得意，企图全面占领清洁液市场。但哈瑞尔公司早已谋划好了应对之策，他们以低价策略在全国范围内展开反攻，铺天盖地的优惠广告席卷了整个美国，把众多的消费者都吸引了过来。

当"新奇牌"清洁液进入全国市场的时候，宝碱公司吃惊地发现，市场上早已没有他们的立足之地，仅有寥寥可数的消费者购买了他们的产品，局面十分不利。反复考虑，权衡再三，宝碱公司只得放弃了清洁液市场。

当强攻无法得手时，就证明出击的时机尚不成熟，那么果断选择退却，就成了一个最明智的决策。

20世纪80年代，香港的华资企业向英资财团发动了全面的进攻，继包玉刚于1980年成功地从英资怡和财团手中夺去九龙仓之后，李嘉诚、郑裕彤、李兆基、荣智健这四位华资企业的巨头，不断秘密商讨，积极布置力量，准备向怡和财团发动更猛烈的进攻。

置地公司作为怡和财团的一大支柱，受到了怡和财团的高度重视，怡

第九章 取舍：勇于割舍，保存实力

和财团的主席亲自兼任置地公司的主席，决心死守到底。因为一旦置地公司失守，那么怡和财团就将在香港失去立足之地，英资财团数十年来在香港建立起的庞大基业，就将毁于一旦。

李嘉诚等人发动的收购大战，就把目标首先锁定在置地公司身上。当收购的行动正在紧张而有序地进行之时，一场规模很大的股灾突然降临，收购行动只得暂时收兵。

1988年4月，李嘉诚等人再次发动收购战役。怡和财团紧急应对，大规模地发行新股，使自己的控股公司都不同比例地增加持股比例，从而有效地稀释了华资企业手中所持有的股份。

李嘉诚等人前去与怡和财团谈判，提出以每股12港元的价格收购置地股权，遭到了怡和财团的坚决拒绝。为了保住自己的基业，怡和财团提出不惜任何代价，也要把华资企业所持有的置地股权全部购回。

一场斗智斗勇的艰难谈判开始了，经过几个回合的较量，华资企业做出了重大让步：以每股8.95港元的价格让出手中的股份，并给怡和财团留出7年时间让它苟延残喘。

这场一波三折、轰动一时的收购大战以华资企业的撤退而告终，是因为李嘉诚等人看到彻底摧毁怡和财团的时机还不成熟，于是明智地见好就收。

华资企业虽说撤退了，但他们在收购大战中所表现出的胆识和气魄，已向世人有力地证明，香港永远是属于中国人的，任由外国人宰割的局面已经一去不复返了。

"三十六计，走为上"，语言虽浅显，但却十分深刻地指出，当我们发现无法达到预定的目的时，及时地撤退应是最明智的决断。

3. 舍小保大，舍车保帅

"舍小保大，舍车保帅"，在无法两全的情况下，进行这样的决断，是十分明智的。将局部利益牺牲了，却换来了整体利益的安全和企业全局的发展，其价值是相当巨大的。

"鱼与熊掌，二者不可兼得，舍鱼而取熊掌者也。"对这句名言，我们都是十分熟悉的，但事情一旦降临到自己头上，需要自己做出两难选择的时候，却不是每个人都能从大局出发，做出明智的决断的。

"舍小保大，舍车保帅"，在无法两全的情况下，进行这样的决断，是十分明智的，将局部利益牺牲了，却换来了整体利益的安全，决断的价值是一目了然的。

盛田昭夫是大名鼎鼎的日本索尼公司的创办人，在他创业的初期，就曾面临过许多两难的选择，由于他的英明和果断，才终于把"索尼"的品牌在全世界打响。

当时他的公司刚刚开发出"TR-63"型袖珍半导体晶体管收音机，并在日本市场取得了很好的销售业绩。他决定进军美国市场，在全世界打开销路。

他带着自己的产品来到了纽约，整天和美国商人进行洽谈，其中美国国际钟表公司向他提出了很好的建议，希望由他们来全权代销，他们将一次订购10万台。

10万台，这笔订单的数额是十分巨大的，索尼公司正处在创业的初期，资金十分缺乏，如果签了订单，就会极大地缓解公司的资金压力。但盛田昭夫并没有喜出望外，因为按照以往的惯例，日本产品进入美国市

第九章 取舍：勇于割舍，保存实力

场，就必须由美国公司换上他们的商标，再进行销售。这样一来，"索尼"的品牌就无法在美国市场打出来，进军全世界的梦想就将化为泡影。

经过反复考虑，盛田昭夫毅然下定决心，放弃了唾手可得的10万订单，而坚持要以自己的品牌进入美国市场。

后来，经过艰辛的努力，索尼的产品还是占领了美国市场，订单成千上万地涌来。又经20年的发展，"索尼"终于成为世界著名品牌，每年的营业额高达100亿美元，年利润高达10亿多美元。在"世界影响最大的十大品牌"评选活动中，索尼位居第二，仅次于可口可乐公司。

在市场竞争中，各路商家尽管都费尽心机，力图把自己的企业壮大起来，但不管怎么努力，到头来都是改变不了消失的命运的，只不过有的企业存在的时间长一些，达到几十年、几百年，而有的企业则如一颗流星，人们还没有看清它的光亮，它就消失得无影无踪了。

被誉为"经营之神"的松下幸之助曾经去拜访一个德高望重的高僧，他恭敬地问道："请问大师，禅宗将来的命运会是怎么样的？"

高僧回答说："禅宗将来会自然地消失。"

他非常惊讶，高僧接着又说："佛法上讲：'诸行无常'，到了一定的时候，任何事物都会自然消失的，这就是寿命啊。"

他忙问："这么说，我的松下电器公司也会在将来的某一天消失吗？"

高僧肯定地说："正是如此。"

1983年9月，日本《日经商业双周刊》进行了一项市场调查，以"日本100家大企业100年间的盛衰"为题，截取1896年到1982年的时间段，每10年划分为一期，依据营业额的大小，对大企业进行了一番详细的调查，得出了令人吃惊的结果。

结果显示，绝大多数的大型企业都没能经受住时间的考验，纷纷从市场竞争的大舞台上消失了，在这九期中，能始终榜上有名的，只有"王子制纸"与"钟纺"两家。也就是说，在这100年中，仅有这两家大型企业坚持到了最后，其他的大企业不是倒闭，就是被别人吞并，或是被重组后改换门庭了。

调查结果还显示，当企业发展到相当大的规模，已经进入"全国百强"行列之后，保持繁荣昌盛局面的平均时间是30年。

在世界上的其他国家，情况也是惊人的相似。许多举世闻名的大企

业,都是在达到辉煌的顶峰之际,开始走上了下坡路。在我国,改革开放以来涌现出来的大型企业集团,绝大多数已经告别了辉煌的时期,严重的甚至已在市场上彻底销声匿迹了。

这些触目惊心的企业沧桑史,让我们无数次地领略到"企业是软弱的,是容易倒闭的"这一铁的事实。那么企业的困境到底是如何造成的?原因尽管千差万别,但很关键的一条在于企业的领导者做出了错误的决策,忽视了市场存在的巨大风险,把企业引入了一条危机四伏的险路。

成功是人创造的,困境当然也是由人造成的。市场的景气度是每个商家都无法操纵的,但却又把机遇和挑战同等地摆在了每一个市场参与者面前。有的人在不利的市场氛围中仍旧大赚特赚,有的人在市场旺盛的情况下却反而颓势难改,决策的高下就鲜明地呈现出来了。

史密斯公司是美国密尔瓦基的一家大型公司,主要生产客车底盘,在美国汽车市场上一直占据相当大的市场份额。公司规模很大,实力雄厚,仅公司员工就多达两万余人,年销售额也超过两亿美元。但奇怪的是,公司的获利率却一直保持在一个很低的水平上,净利润始终无法得到相应的提高。

公司对此进行了反复论证,发现自己多年来只生产同一种产品,市场单一,客户单纯,而与此形成鲜明对照的是,公司的管理层却相当庞大,因此摆在公司面前的首要任务就是精简机构,提高效率,使管理层单纯化。

于是公司立刻进行了大刀阔斧的整改,除了保留职能方面的经理和必不可少的技术人员外,其他高层领导能裁就裁,直到最后只剩下了一名高层负责人。

可喜的局面很快出现了,公司的经营出现了前所未有的良好势头,以往那种营业额增高而利润反降的奇特现象消失了,公司走上了快速发展的健康轨道。

减员增效,在我国国企改革中被当作一个有效的改革手段,曾为不少企业增添了生机和活力,而且在以后的漫长岁月中,它还将发挥出神奇的作用,来完全改变企业的面貌。

在市场经营中,所要做出的选择是多方面的。我们必须认识到,有所弃才能有所得,把手中那些不合时宜、制约着企业发展的不良因素果断地割舍掉,就能使企业更好地轻装前进。

第九章 取舍：勇于割舍，保存实力

4. 化整为零，保存实力

通过化整为零的方式，使自己的实力有效地保存下来，就为日后的发展奠定了坚实的基础。市场人士一定要当机立断，设法使自己从灭顶之灾中逃离出来，而这就是最大的胜利。

在市场经营中，有时会陷入异常严峻的困境里，面对着即将全军覆没的危险局面。在这种情况下，采取硬拼的策略显然是不足取的，鱼死网破式的结局只能是个悲惨的句号。

人常说："留得青山在，还怕没柴烧？"明智的商家首先想到的是如何保存自己的实力，以便在日后东山再起，而化整为零就成了最好的选择。

美国银行家贾尼尼一贯野心勃勃，把自己的控股公司纽约意大利银行逐步发展壮大，然后又进一步展开行动，企图收购旧金山银行，使自己的势力极大地扩张起来。

他咄咄逼人的攻势引起了美国银行业的普遍担忧，连联邦储备银行都坐不住了，对他进行了强硬干预，迫使他卖掉银行股权的51%。这对他可是个致命的打击，意大利银行的股票在很短的时间里就暴跌50%。

在这生死关头，他表现得十分冷静。胳膊扭不过大腿，在不利处境面前，他只有先退一步，想办法化整为零，保存实力，才会在日后找到东山再起的机会。

他立刻到德拉瓦州注册成立了注美股份有限公司，这家公司的最大股东还是意大利银行。以这家新公司的名义，他大量买进正在不断下跌的意大利银行股票，确保自己仍旧牢牢掌握着公司的控股权，重新站稳了脚跟。

贾尼尼这一招实在高明，既回避了竞争对手的攻击锋芒，又有效地

179

保存了自己的实力。"三十六计"中有一计叫作"金蝉脱壳",也是完全相同的以摆脱危机、保存实力为目的的一种计谋,值得市场人士给予高度重视。

在美国硅谷,聚集了大量的科技类中小公司,竞争十分残酷、激烈,每天都有上千家公司倒闭,又有上千家公司开业,典型的"你方唱罢我登场"的局面,煞是热闹、精彩。

有一些公司在倒闭之后,确实退出了竞争的舞台,金盆洗手,再也不干了,但另外一些公司却只是改换门庭,重新开张,以新的面孔再次出现在世人面前。

开业,倒闭,再开业,再倒闭……如此不断更新,不断寻找新的机会。打一枪换一个地方,如果市场有了新的变化,就毅然化整为零,先把实力保存下来,再去开发新产品,也许新的希望就会在这一刻诞生了。

"退一步海阔天空",在不利的处境中采取退却,并不是胆怯的表现,恰恰相反,正是智慧和谋略的高度体现。

堤康次郎是日本商界的一代枭雄,经过几十年的苦心经营,建立起了庞大的西武企业集团。在临终之际,他把接班人的重担交给了二儿子堤义明,这引起了他的长子堤清二的强烈不满。

堤清二是相当精明能干的,他曾成功地把西武百货公司从倒闭的边缘挽救了回来,因此人们普遍认为他才是最理想的接班人,但最终的结局是他只继承了西武百货公司,而庞大的家族企业却全都落到了堤义明的手里。

堤清二咽不下这口气,决心下大力气经营西武百货公司,向银行大举借贷,进行大规模的扩张,试图以这种方式向世人证明,父亲的临终选择是极其错误的。

堤义明却牢牢记住父亲的临终教诲,一步一个脚印地稳步发展。堤清二咄咄逼人的攻势让他感到十分不安,他看到这种扩张所带来的极大的市场风险,更可怕的是,如果任其发展下去,必将拖累整个家族企业,使父亲创下的庞大基业面临毁灭的危险。

经过慎重考虑,他做出了一个重大决定,采取大规模的分家行动:把西武百货公司、西武化学公司合并成西武流通集团,交给哥哥堤清二经营,再把剩下的企业合并成西武铁道集团,统归自己管理。

这样一来,庞大的西武集团就化整为零了,即使堤清二的西武流通集

团出现难以预料的危险，也不至于会危及整个家族企业，可以使自己更有效地保存实力。另一方面，将哥哥的企业分离出去，还可以避免哥哥在集团内部对自己进行掣肘，使自己的行动受到不必要的干预。

堤义明的这一决断是十分英明的，仅仅过了一年，严酷的打击就降临到了堤清二身上，国际经济陷入了极其严重的萧条，堤清二使出浑身解数，但还是无济于事。

这时堤义明果断出手，从自己的西武铁道集团中拨出一笔相当惊人的巨款，把堤清二从困境中挽救了出来。兄弟二人重归于好，西武集团又合二为一，共谋发展大计。

西武企业集团在堤义明的正确决策下，又得到了很大的发展，父亲开创的事业在他的手里，进一步发扬光大，他也一度占据了世界首富的宝座，成为市场上的风云人物。

通过化整为零的方式，使自己的实力有效地保存下来，就为日后的发展奠定了坚实的基础。做出这样的决断是痛苦的，却又是十分明智的，市场人士一定要当机立断，使自己从灭顶之灾中逃离出来，而这就是最大的胜利。

5. 预留退路

在市场经营中，时刻牢记"安全第一"，果断开拓另一个市场，为自己预留退路，就能使自己获得更可靠的安全保证，发展壮大就有了可靠的根基。

金融大师索罗斯在风险极高的证券市场投资，却总是大有所获，他的一条经验之谈是从不孤注一掷，从不把所有的资金都投入到赌博式的冒险行动中。他曾经说过："我绝不冒险，冒那种可能把我自己毁掉的风险，

但也永远不会在有利可图的时候游手好闲地站在一旁。"

索罗斯是匈牙利犹太人，在他少年时代，德国法西斯进行惨无人道的种族灭绝政策，成千上万的犹太人被屠杀，他跟随家人长期东躲西藏，那种恐怖的记忆对他的一生产生了深刻的影响，他深深地领悟到，只有使自己生存下去，才能进一步得到发展。后来他在证券投资中非常注重资金的安全性，正是少年时代的那段经历赠给他的宝贵人生财富。

当他功成名就之时，有个记者前来采访他，他语重心长地道出了自己成功的秘诀："我渴望生存，不愿冒毁灭性的危险。"

在任何时候，都要牢记"安全第一"，确保了自身的安全，发展壮大也有了可靠的根基，因此，从这个意义上说，为自己预留一条退路，就显得特别重要。

黄楚九是20世纪初的商界奇人，他来到上海后，从摆地摊卖药做起，生意不断发展，最后竟成了上海滩首屈一指的大富商。

他开了一家中法大药房，经营各种药品，生意相当的好。这天，他推出了一种"安神健脑滋补剂"。为了扩大影响，他利用上海人比较信赖洋货的心理特点，有意给这药取了个洋名字，叫"艾罗补脑汁"，还特意在药瓶上画了个洋人头像，用英文标明这个洋人就是美国医学博士艾罗。

上海人果然被他蒙蔽了，纷纷前来购买，在药店前排起了长队。他赚进了大把的钞票，心里高兴极了。

不料，一件他从没想到的事情发生了。有个洋人器宇轩昂地走进他的药店，声称自己是艾罗博士的儿子，指责他滥用艾罗博士的名字，必须要给予赔偿。

他一看，就知此人是前来敲诈的，因为艾罗博士本就是他虚构出来的，世上并无此人，哪会冒出一个艾罗博士的儿子来？面对这样一个聪明的骗子，他知道无论如何都是不能拆穿的，拆穿了骗子，固然能使自己痛快一时，但带来的严重后果是，他的"艾罗补脑汁"将自毁声誉，后果是十分严重的。

他脑子一转，想出了一个办法，既然洋骗子能利用他的商标来向他诈骗，他为什么不把这个骗子也利用一番呢？

于是他大摆宴席，请来商界同仁作陪，热情款待了这个假冒的小艾罗。酒足饭饱之后，他送给小艾罗1000大洋，并请小艾罗写下一张合约，

第九章 取舍：勇于割舍，保存实力

约定把"艾罗补脑汁"的专利转让给他本人，由他独家经营。

合约到手，他又大张旗鼓地为自己宣传了一通，把"艾罗补脑汁"吹得神乎其神，更把一贯崇洋的上海人哄得晕头转向，骗得人们纷纷前来抢购。

面对聪明的骗子，黄楚九没有惊慌失措，而是巧妙地对"假艾罗"进行利用，使那张合约变成了自己的一条退路，避免了日后再遭遇同样的困境，同时还加大了宣传力度，使自己的产品更加声名远扬。

包玉刚在20世纪50年代开始涉足船运业，他做事一向雷厉风行，凭着最初的一条旧船，就毅然下海，过了两年，他就拥有了7条船，组成了一支小规模的船队。

1967年，石油运输越来越热，他抓住时机，抢在别人前面，向日本造船厂订购了数艘十万吨的超级油轮，勇敢地闯入这一领域，获得了惊人的利润。

没过几年，他就把自己的超级油轮发展到了57艘，载重量为960万吨，几乎达到了世界油轮总载重量的一半，成为名副其实的"世界船王"。

可就在形势一派大好之际，他果断地转移阵地，开始涉足全新的领域。先是实施"船王登陆"，向房地产业投资；接着又实施"船王飞天"，在航空业占据了一席之地。由于他已拥有相当雄厚的经济实力，所以在抢滩登陆、一飞冲天的过程中，他都取得了辉煌的成功，牢牢确立了他在市场上的霸主地位。

果断开拓另一个市场，是对自己当前经营的一个有效补充，也是一条有效的退路，一旦自己在当前的领域无法获利，那么在另一个市场上还可以收获财富。

为自己预留退路，就让自己多了一份安全的保证，为企业的生存和发展预留了一个发展的空间，好处是显而易见的，市场人士一定要对此给予高度重视。

6. 以退为进

在市场竞争中，要根据市场变化，及时进行产业结构的调整，果断地汰劣迎新，恰到好处地实施"以退为进"，有力地壮大自己的经济实力，迎来下一阶段更加辉煌的发展。

红军长征初期，以"大搬家"式的行动，进行逃命式的退却，却遭遇敌人的穷追猛打，损失异常惨重。直到"遵义会议"召开，毛泽东重新走上了领导岗位，才改变了被动挨打的局面，重新掌握了战争的主动权。

"走为上"并不是一味的退却，退的目的是为了积蓄力量，寻找机会，更好地进。因此对这一计的理解，应放在"以退为进"上，在退的过程中就时刻想着如何更好地进。

在市场竞争中也是如此。"退"的方式是各种各样的，可以把某种过时的产品完全淘汰掉，可以把生产规模逐步缩小，还可以从某个领域全面退缩。不管是何种方式的撤退，都是为了更好地保存实力，以便在日后寻找到更好的市场机会，再图谋更大的发展。

也就是说，"退"不是目的，只是手段，"退"的最终目标仍是为了"进"。"退"之高明，全在于审时度势，当机立断，根据当时的市场情况，确定合适的退出时机，选择合适的退出途径，才能避免更大的损失，以达到最大限度地保存自己、东山再起的目的。

20世纪50年代，刘文汉在香港经营汽车零件，当时的市场异常疲软，他的经营毫无成就，他就逐渐萌生了从这种经营中退出的打算，准备另谋出路。

这一年他到美国考察，发现美国青年对假发兴趣特别浓厚。原来，反

第九章 取舍：勇于割舍，保存实力

越战与反种族歧视的运动造成了美国社会的动荡，以标新立异、玩世不恭为主要特征的"嬉皮士"应运而生了，这些"嬉皮士"喜欢留长发、戴假发，假发业就这样兴盛起来了。

但可惜的是，美国的假发生产厂家特别少，造成假发供不应求的局面，售价一直居高不下，是当时社会上的热门商品。刘文汉心中一动，这不是一个大好的市场机会吗？

回到香港，他决定投入对假发的研制之中。但他缺乏制作假发的技术，研制工作进退两难，难道就这样放弃？不行，他一定要把这种生意做成功！

他四处寻找制作假发的技师，经过一番苦寻，找到了一个专门为演员制作假发假须的老师傅，他如获至宝，将老师傅请了来，与老师傅一起合作，终于研制成功世界上第一台"假发编织机"。

他立刻关掉了自己的汽车零件店，开始全力经营假发，终于一鸣惊人，成为世界上赫赫有名的"假发大王"。到60年代末期，假发制造业的地位又得到了空前的提高，成为香港四大出口业支柱之一。

刘文汉的"以退为进"，就是商业经营中一个成功的案例。只有审时度势，考虑好"退"的方式，确定好"进"的方向，才能当机立断，在市场中把握先机，取得成功。

假发业的丰厚利润赢得无数商家纷纷加入，刘文汉见了，认为自己应该立刻退出，于是他把自己的假发制造厂全部出售，携带巨款回到家乡澳大利亚，开始转产葡萄酒，不久，他就成为澳大利亚著名的酿酒商。

事实证明，他这一次的"以退为进"又是十分正确的，在他退出后不久，"假发热"就在美国市场迅速降温，世界假发市场一片萧条，香港众多假发制造厂家纷纷倒闭。

恰到好处地实施"以退为进"，根据市场变化，及时进行产业结构的调整，果断地汰劣迎新，就能使自己有效地回避市场风险，保存住已有的胜利果实，有力地壮大自己的经济实力，迎来下一阶段更加辉煌的发展。

在淘金热潮中，有个叫戴维的年轻人，千里迢迢来到了美国西部，梦想挖出一座金矿，一夜之间成为百万富翁。

但可惜的是，他既无技术，也无资金，一味地瞎忙，却什么都没有得

到,他又穷又累又饿又渴,再也无法干下去了。

怎么办呢?他独自坐在一边,冷静地思考自己的出路。淘金暴富是诱人的,但对他来说,却显然是不现实的,还是果断放弃了吧。

他思来想去,突然想出一条赚钱的办法:卖水。淘金者干了一天,累得口干舌燥,喝上一口水,该是多么大的享受啊。

于是他从远处的小镇上运来廉价的水,向淘金者贩卖。没想到,水的生意竟出奇的好,一见到他到来,淘金者纷纷扔下手里的工具,向他买了水,大口大口地喝。

尽管淘金者都离不了他的水,但对他的这种做法,他们却普遍采取了嘲笑的态度。大家千里迢迢地来淘金,都是为了发大财,怎么能做这种小生意呢?真是太小家子气了。

面对他们的嘲笑,他不为所动,面对极个别人淘金暴富的消息,他充耳不闻。他只是一门心思,卖好他的水。渐渐地,日积月累,他的财富越来越多。

当大多数淘金者都一无所获地离开时,他却已成了一个真正的富翁。

从一个赚钱无望的行业中退出来,果断进入另一个大有前途的行业中,自己的收益该是如何的诱人啊。

美国汽车大王福特在生产经营中曾一度陷入极其困难的境地,他的王牌汽车T型车销量不断下滑,其他汽车厂家都花费大量的精力去开发新产品,对他的公司形成了强大的压力,迫使他不得不想方设法,另谋发展了。

许多人都向他提出建议,希望他改产其他类型的汽车,但他却表现得异常平静,冷静观察市场的最新动态,组织科研人员悄悄地设计新型汽车。

他还出资购买了一批废船,将上面的废铜烂铁都拆下来,炼成钢铁,以备使用,他的这一举措,大大降低了公司的生产成本。

一切准备就绪,他果断地宣布T型车全部停产。消息传出,人们都被惊呆了,想不到他竟会把自己的王牌产品都割舍掉了,那么他到底要干什么呢?

半年过去了,新型的A型车出现在人们的视线里,很快就以华丽的色彩、典雅的造型、低廉的价格而风靡全世界,从而彻底扭转了他公司的

第九章 取舍：勇于割舍，保存实力

困境。

在经营中我们还会遭遇到许多意想不到的困境，如果与正面的对手硬拼硬打，很可能会达不到预期的目的。与其那样，还不如先退下来，去寻找另一条出路，一切难题往往就迎刃而解了。

美国大亨哈默被誉为"万能商人"，他的西方石油公司在旧金山东部勘探出了大量的天然气，先后投入2000万美元，终于把天然气打出来了。天然气的含量十分丰富，在加利福尼亚排名第二，必将为他带来可观的收益，他高兴极了。

他立刻来到太平洋煤气和电力公司，准备与对方签订天然气出售的长期合同。但他万万没有想到，对方告诉他说，他们已经从加拿大修了一条天然气管道，加拿大输送的天然气已经完全能够满足他们公司的需要，没有必要再向哈默购买。

哈默顿时陷入困境之中，难道他的优质天然气竟会找不到买主？难道他的2000万美元的投资就白白浪费了不成？他考虑了很长时间，终于想出了一条"以退为进"的良策。

他知道太平洋公司的天然气主要是供给洛杉矶的，于是他立即赶到洛杉矶市议会，向各位议员详细讲述了他的天然气质量，并宣称他将修建一条直达洛杉矶的天然气管道，以远远低于太平洋公司的价格向洛杉矶供应，并保证百分之百地满足需要。

洛杉矶市议会立刻召开会议，讨论这一事件，并很快通过了接受哈默天然气的决议。消息传到太平洋公司，公司上下一片慌乱，他们万万没有想到，哈默竟会使出如此毒辣的计谋，欲置公司于死地。他们立刻前去与哈默协商，一再态度诚恳地道歉，表示他们完全接受哈默的条件，把他的天然气全部买下。

哈默本不打算再投入巨资另修一条天然气管道，他见目的达到，就趁机提高了自己的出售条件，见好就收。

哈默在不利的处境中，先实施战略退却，再果断地向对方的要害部位进行攻击，从而把对方彻底击垮。这是在危难关头、善于决断、进退得当的一个成功事例，值得市场人士学习、借鉴。

第十章 责任：
肩担责任，同进同退

　　在市场竞争中，我们必须做到信誉第一，树立企业的良好形象，同时努力增强企业自身的凝聚力，使自己的企业具有强大的团队精神。

　　现代商场呼唤诚信，缺乏诚信的企业就会在市场中寸步难行。以诚信为企业奠基，就能使企业开拓进取，无往而不胜。

1. 对弱小者的关怀和爱护

在市场经营中，采取一系列措施，对弱小者给予更多的关怀、更多的爱护，就能使自己得到更宝贵的信誉，获得更大的知名度，对企业的长远发展，将是十分有益的。

强者与弱者，大企业与小企业，都在市场中同时并存。通过自己的努力，使自己的企业进入强者的行列中，是一个很大的成功，理应值得大肆庆贺，但是不是就可以从此志得意满、趾高气扬了呢？

显然不是的。姑且不说自满的后果会带来多么大的倒退，单是表现得狂妄、高傲，忘记了自己的本源，就会遭到市场人士和消费者的极大反感，给自己带来难以预料的负面影响。

人间最可宝贵的是情，友情亲情温暖着我们的身心，使我们时刻沐浴在和煦的春风中。精明的商家无不在这方面大做文章，打出"人间真情"的旗号，来获取消费者的信赖。于是，对弱小者的关怀与爱护，在那些成功的企业家眼里，就显得特别重要。

俗话说"一个好汉三个帮"，不管你在市场中取得了多么显赫的地位和多么强大的实力，都千万不要忘了这句话。要牢牢记住，实力都是相对的，地位也绝不是牢不可破的，如果你因此傲慢自大，得意忘形，那么失败的命运就会在不远的前面等着你。

这绝不是危言耸听，而是有确凿的事实作为依据的。雀巢咖啡在世界上是赫赫有名的，雀巢公司就凭着这种名牌咖啡，在市场上占据了庞大的份额。然而到了20世纪80年代初，公司却突然经历了一场灾难性的打击。

当时，雀巢公司的竞争对手竟出人意料地团结起来，别有用心地制造

第十章　责任：肩担责任，同进同退

了一系列谣言，来攻击雀巢咖啡的质量，使公司的声誉受到了严重影响。顿时，关于雀巢食品导致母乳哺育率下降、引发婴儿死亡率上升的不利传言四处弥漫，致使成千上万的消费者对公司的产品产生了怀疑，自发形成一股抵制雀巢食品的世界性大行动。

雀巢公司的灾难就这样降临了。雀巢产品名誉扫地，在欧美市场上完全失去了生存的空间，公司的决策层陷入了前所未有的焦虑之中。万般无奈，公司只好花费重金，请来了举世闻名的公共关系专家帕根，请他来为公司出谋划策，解救危难。

帕根很快找出了原因所在，原来雀巢公司自恃财大气粗、声名显赫，就时常以大企业、老品牌的姿态来压制别的企业，逐渐变成了孤家寡人，招致了其他商家以及消费者的强烈反对，尤其以美国的反对最为激烈。

为改变现状，帕根为公司制订了一个策略：以美国为重点，进行大规模的公关活动，广泛听取消费者的意见，及时加以改进；同时举行听证委员会，聘请德高望重的专家出面，用专家的权威证言，来击退那些别有用心的造谣攻击。这一策略很快贯彻下去，局面得到了很大的改观。

与此同时，公司还按照帕根的建议，放下高高在上的架子，主动到发展中国家寻求盟友，使自己反击的声势得以壮大。公司再不把那些弱小的公司看作可以呼来唤去的小喽啰，而是致力于与他们建立互惠互利的伙伴关系。

公司还在印度建立了一家奶品工厂，设立了一个免费的兽医服务处，获得了印度政府和人民的热烈欢迎。印度人饲养奶牛的热情被充分地激发了出来，成为公司一个最为稳固的牛奶供应基地。饲养奶牛竟改变了这一地区的落后面貌，带动了当地经济的发展，而公司每年都要从这里得到117万吨高质量的牛奶。

在其他发展中国家，公司也进行过类似的活动，这不仅体现了公司对弱小者的关怀和爱护，而且还使公司获得了大量的生产原料。公司每年投入8000万瑞士法郎的巨资，帮助这些地区提高产量，还要投入60亿瑞士法郎的巨资，从这些国家购买原料。

雀巢公司就这样赢得了众多的盟友，彻底扭转了不利局面，产品销售一直保持着极其旺盛的势头，1984年的营业额高达311亿瑞士法郎，在世界食品市场上重新确立了自己的龙头地位。

大名鼎鼎的雀巢公司，离开了弱小者的支持，尚且无法在市场中立足，更何况那些刚刚崭露头角的商家呢？

当前世界正呈现出越来越明显的一体化的趋势，大企业不管多么强大，却总是少数，与庞大的市场经营者整体相比，还处于微不足道的地位。如果离开了中小企业的配合和消费者的支持，自己就会成为孤家寡人，在众志成城的抵制中，迅速陷入经营的困境。

所以，仅从企业自身长远发展的立场来考虑，就不能不采取措施，对弱小者给予更多的关怀、更多的爱护。要知道，这些关怀和爱护，最终都会赢得回报，使自己得到更宝贵的信誉，获得更大的知名度。

皮尔·卡丹是世界著名的时装设计大师，他所设计的时装一经面世，就会引起极大的轰动，于是那些缺乏设计能力的服装厂就有意进行模仿和抄袭，希望借重于他的名气，来获得一定的收益。

皮尔·卡丹知道这些厂商经营得很不容易，不想采取强硬的措施来为难他们。再说，他个人的能量十分有限，也不可能把世界各地的仿冒者都通通查获，怎么办呢？

皮尔·卡丹想出了一个办法，他十分爽快地宣布，愿意把自己的设计方案转让给这些厂家，还可以把他的商标转让给这些经销商。不管是谁，只要愿意给他支付7%~10%的转让费，就都可以使用"皮尔·卡丹"的商标。

虽说转让费订得有点高，但厂商们还是纷纷前来，和他签订转让合同。过了几年，他的转让合同就签到了6000多份。仅仅通过这些合同，他本人就赚取了可观的收益。

得到他的技术、商标转让的厂商们，更是对他感激万分。有一个叫图林的服装商，对此的感受更深，在使用"皮尔·卡丹"商标之前，他的服装几乎卖不出去，而使用了之后，他一年就可以增加两千多万美元的收入。

现在商场呼唤"诚信"，只有具有高度诚信的商家，才能以无限关爱，创造出企业优良的信誉，在消费者中声名远播，并收获源源不断的财富。

第十章 责任：肩担责任，同进同退

2. 捍卫团体的利益和荣誉

在商业经营中，我们一定要牢牢记住，企业的名声比自己的生命还要重要百倍。有了好的名声，企业就会赢得更多的客户和消费者，在激烈竞争的市场环境中生存下去，发展起来。

团队意识对一个企业来说，是相当重要的，企业的所有员工都团结起来，凝聚为一体，自觉地为本企业做贡献，想方设法捍卫团体的利益和荣誉，就会为企业创造出发展的大好时机。

凯瑟琳·克拉克本是美国一个普通的家庭主妇，后来她开了一家面包店，做起了生意。在进行经营的过程中，她非常重视自己的企业形象和企业荣誉，要求店员始终以顾客为重，提供高质量的服务。经过几十年的发展，她赢得了越来越多的顾客，业务成百倍地扩大，最终发展成了美国著名的"面包女皇"。

为了维护企业的信誉，她特地在包装上注明生产日期，并庄重承诺，只要面包在三天内没有售出，就一律由面包店收回销毁。这条措施的严格执行给她造成了不小的麻烦，带来了一定的经济损失，但却使她赢得了良好的声誉，"回头客"不断增多。

有一年她所在的地区遭受了特大的水灾，粮食供应异常紧张，面包更是供不应求，但她仍一如既往，严格执行自己所制订的规定。

有几家十分偏远的商店积压了一些过期面包，她就派出运货员将这批面包收回。走到半路，运送面包的汽车被一批饥饿的群众团团围住了，他们吵吵嚷嚷，非要购买车上的面包。

但运货员说什么也不敢答应，因为老板有明文规定，谁出售过期的面

——强者的经营法则

包,谁就将被无情地解雇。饿着肚子的群众当然不肯答应,围得里三层外三层,就是不放运送面包的汽车离去。运货员从没遇到这种情况,一时之间竟不知如何办才好。

一个记者恰好在此时路过,听说此事,忙走上前去,开导运货员,最终的结果是,群众把车上的面包全部"抢"走了,当然还留下了足够的钱。这样一来,运货员就可以心安理得地回去向老板交差了。

记者将这件事的经过详细地写了出来,刊登在报纸上,凯瑟琳的面包店顿时声名远播,顾客盈门。才过了短短10年,她那家原本很不起眼的面包店就发展成了一个现代化的大企业,营业额也由原来的每年2万美元激增到了每年400万美元。

每个员工都自觉地捍卫企业的荣誉,企业就会声名远播,在消费者心中树立良好的口碑。

香港首富李嘉诚曾于1982年捐款2200万港币,为自己的家乡潮州市建成两座现代化的医院,博得了广泛的赞誉。1987年他又向"孔子基金会"捐款50万港币,表达了他对我国传统文化的深情厚意。1991年,我国南方地区遭遇特大洪水灾害,他再一次慷慨解囊,捐款5000万港币,用于灾区重建工作。

对于他的一系列义举,他的一个朋友曾有一个精彩的评价:"有三样东西对长江实业至关重要,它们是:名声、名声和名声。"

李嘉诚非常看重"名声",这才广行义举,在世人面前为自己树立了美好的形象,为长江实业塑造了良好的声誉。他的美名传遍华夏大地,得到了全国上下的普遍尊重。

在优秀企业家眼里,企业的名声往往比自己的生命还要重要。因为他们十分清楚,有了好的名声,企业就会赢得更多的客户和消费者,而这正是企业赖以生存、得以发展的强大基础。类似的举动被那些知名企业用不同的方式一再重演着:

在中国,从20世纪80年代开始,奔驰公司就积极参与一系列社会公益活动,是中华慈善总会的发起者之一,多次向孤儿、贫困者和老年人捐款,在北京顺义县建了一个儿童村,和北京大学、清华大学建立了长期合作关系,向那些最有才华的学生提供奖学金,在1998年发生的严重洪涝灾害中,公司向中国捐款300万德国马克。

奔驰公司的一系列义举，在中国树立了良好的品牌形象，为公司拓宽中国市场奠定了坚实的基础。80年代，公司还与中国北方工业公司通力合作，向中国转让奔驰重型汽车的生产技术，现在，北方工业公司已经投入批量生产。

松下幸之助对产品的售后服务是非常重视的，他坚持认为，良好的售后服务是诚信的表现，是事关企业荣誉和利益的大事，是扩大产品销路的最重要的手段之一。

为此，他在全世界开设了规模庞大的16家维修公司，下设538家专门维修店，3万多家兼职维修的零售店。这样一来，世界各地的松下用户都可以放心地购买使用松下产品，再没有后顾之忧了。

在我国，湖南株州日出实业公司董事长李途纯明确提出了"零风险经营"的全新理念，并将它贯穿到自己的经营活动中。

以往有些企业为了降低自身的经营风险，就想方设法地把风险转嫁给消费者，显得极其自私，招致了消费者的极力反对，最终的结局只能是毁了自己。

而李途纯的"零风险经营"却与此有本质的不同，他要求把客户的利益放到至高无上的地位来考虑，确保客户在与自己公司打交道时不会承受一丝一毫的风险。也就是说，他的"零风险"是给客户的一道安全符，要使客户在任何时候都能放心大胆地购买他的产品。

他的公司是以生产活性乳酸菌饮料"日出牌太子奶"而闻名于世的。公司在全国各地都指定唯一的可靠经销商，并给经销商提供一切方便条件，过期售不完的产品可以给予及时的退换，以切实保障经销商的利益，并进而确保售给广大消费者的产品都质量上乘，安全无害。

"零风险经营"的深入贯彻实施，赢得了众多经销商和广大消费者的信任，使"太子奶"不断攀上新的高峰，逐渐由一个地方品牌发展成了中国名牌。

优秀企业家们通过各式各样的途径，使自己的企业具有很高的信誉，在消费者心目中树立极佳的形象，为企业的发展创造了崭新的空间，收获了可观的经济效益，这些做法是值得我们学习的。

捍卫团体的利益和荣誉，绝对不是一句空洞的口号，需要落实到每一个员工的具体行动中，才会带来更大的成效。

3. 为员工谋福利

在市场经营中，我们一定要认识到，勤劳的员工是公司的财富，必须给予员工充分的尊重和厚爱，为员工切切实实地谋福利，唤起员工对企业的归属感，激发员工的工作热情，促使员工为企业不断贡献自己的聪明才智。

企业不论大小，都拥有多少不等的员工，员工的工作出色与否，对企业的经营状况有十分直接的影响。

只有把员工的工作积极性充分调动起来，使大家都认识到"厂兴我荣，厂衰我耻"，把企业当作自己的家来看待，才能把各自的工作做出成绩，为企业的发展做出贡献。

我们时常强调员工要有"主人翁意识"，只有员工把自己与企业自觉地凝为一体，才会形成强烈的团队精神，为企业的进步献计献策，出力流汗。

但在一些亏损累累的企业里，情形又是怎么样的呢？令我们吃惊的是，那些企业的领导偏偏忽视了这一点，只是一味地向员工施加压力，强迫员工拼命干活，如稍有意见，就立刻施以严厉的处罚。

还有更恶劣的呢，有些领导动辄以"下岗""辞退""开除"相威胁，使员工生活在朝不保夕的氛围中。他们认为这样一来，还有哪个员工胆敢懈怠，企业的经济效益不就大幅提高了吗？

事实怎么样呢？恰恰相反，员工在强大的精神压力下，工作积极性很低，疲于奔命，虽也在干着，但却不愿花费更多的心血和精力来提高工作效率，使企业的发展陷入停滞之中。

还有一些表现更加令人痛心：员工与领导之间造成了强烈的对立，当

领导出现的时候,员工假装卖力地干,但只要领导一离开,员工立刻就是另一副模样,无精打采,当一天和尚撞一天钟。

这样的状况对企业来说,是相当有害的。要改变这种现状,方法是有的,就是必须给予员工充分的尊重和信任,切切实实为员工着想,为员工谋福利,使员工感受到实实在在的好处,才能唤起员工对企业的归属感,自觉地把自己当作企业中的一员。

在一些闻名世界的大型企业里,对员工的关怀和尊重做得却相当到位,使员工感受到了亲如一家般的温暖。

日本麦当劳汉堡包的经营者藤田先生是个商界奇人,他曾创造过一天销售1亿日元的商业奇迹,轰动一时。

他把自己的经营策略写成了两本书,在书里他鲜明地提出一个观点:"日本麦当劳成功的信条是,为员工多花一分钱绝对值得。"

这话说得相当精辟,只有员工才是企业财富的真正创造者,企业的领导者必须把员工放到至高无上的位置上,时时刻刻想着他们,关心他们,爱护他们,为他们谋福利,才能激发他们的工作热情,促使他们为企业不断贡献自己的聪明才智。

藤田先生在书中专门列了一个章节,论述"勤劳的员工是公司的财富"这个重大问题,强调要把调动员工的工作积极性始终放在首位,给予特别的关注。

为员工谋福利,绝不是简单地发放一些福利用品,送去一些节日的问候,而是应该把对员工的尊重和厚爱始终如一地体现出来,做到赏罚分明,能使员工得到更充分的满足感、更强烈的事业成就感,员工的工作热情就会极大地爆发出来。

除此之外,还要对员工给予金钱、友谊、工作条件、感兴趣的工作等等,使员工身心舒畅,具有对企业的强烈的归属感和自觉的献身精神,企业才会有光明的前途。

IBM公司实行一种很受员工欢迎的"门户开放政策",总经理办公室的大门在上班时间一直都是敞开的,随时欢迎员工走进来,把自己的想法讲给总经理听。

人的需求是多方面的,有的是物质的,有的是精神的,形式多样,内容丰富多彩,公司领导就要时刻关注员工的心理变化,拿出恰当的措施,

来满足员工的各种需求,为员工谋取更多的利益,员工的工作热情和创造激情就会被更大地激发出来,为自己的企业带来更加丰厚的收益。

说到底,对员工的关心,实质上就是对自己经营业绩的关心,因为不管多么出色的经营业绩,都是要靠每一个员工来完成的。我们常常发现,有些企业在做广告时不惜巨资,而在对待自己的员工时却又吝啬无比,试想一下,这样的企业到底能在市场中支撑多久呢?

只有扎扎实实地为员工谋福利,才能换来员工与企业的心心相印,员工就会呕心沥血地为企业做贡献,推动企业的飞速发展。

4. 加强员工的培训

加强对员工的培训,培训出一大批称职的、优秀的员工,企业的发展就有了强大的后劲,成为日后发展过程中一笔无法估量的巨大财富。

企业要想在市场中取得长足的发展和进步,就必须拥有一大批优秀的员工,他们忠于职守,素质很高,热情待人,团结一致,出色地完成工作任务。

但令人遗憾的是,这些才能和品德是不能与生俱来的,招聘来的员工们并不如我们想象的那样尽善尽美,必须要对他们进行培训,使他们成为能够胜任工作的优秀员工。

企业需要不断发展,在发展的过程中就会遇到各式各样的新情况、新问题,就是原来能够胜任工作的员工,在新形势面前可能也会手足无措,为此,对员工进行不间断的培训,就显得非常必要。

日本丰田公司为了提高推销员的能力,特别把"访问技术"作为一项重点内容,进行强化训练,以便使推销员在很短的时间里就赢得客户

第十章 责任：肩担责任，同进同退

的心。

汽车销售在日本是以访问销售为主的，由于夸夸其谈的推销员留给客户的印象很差，因此这样的人是断难胜任工作的。公司要求每个推销员都要极其诚恳地向客户宣传汽车的性能和优越性，言辞恳切地说服客户，赢得客户的信赖，使客户成为公司的忠实用户。

许多大型企业都非常重视对员工的培训工作，他们认为付出一笔培训费用，是十分值得的，对企业的长远发展是十分有利的。

奔驰车之所以在各种惊涛险浪面前屹立不倒，胜券在握，始终保持"世界第一车"的王者风范，是与公司创始人所倡导的企业理念分不开的：重视质量，重视创新，重视服务，重视技术与人才。

100多年来，公司正是凭着全面的设计、先进而成熟的技术、经济的统筹兼顾和安全、优质、完美无缺、耐久性而大获成功，稳稳坐定了汽车业的头把交椅。

为了确保奔驰车的技术水平，公司一向注重对员工的技术培训。公司设有多处技术学校和培训中心，仅1983年就培训青年徒工8800多人。从经理、工长到普通职工，都要轮流参加定期的脱产培训，以保证公司的业务经营"在同世界竞争时取得最好的经济效果"。

培训出称职的、优秀的员工，对每个企业来说，都是一笔无法估量的巨大财富，每个市场人士都要给予高度重视。

席殊是北京的一位书法高手，他率先把习字变成了一种产业，于1996年创立了席殊书屋有限公司，到1998年就将连锁店发展到了19家，会员达到6万余人，每年的纯收入达2000万元。

在创业的过程中，他提出了"拜客教"的经营理念，并用这种理念来培训自己的员工。按照他的解释，所谓的"拜客教"，核心就是"读者永远第一"，可概括为三句话："（1）竭诚为读者服务；（2）细心、爱心、诚心；（3）准确、迅速、便利。"

虽说内容并没有什么新意，但却真诚地实践了"顾客是上帝"这一经营信条，受到了顾客的欢迎，赢得了信誉，获得了成功。

希尔顿旅馆是于1919年创立的，60年后，即1979年，旅馆已发展到了70余家，遍布世界五大洲。公司总裁希尔顿经常向自己的员工提出这样的问题："今天你对客人微笑了没有？"

希尔顿亲自动手,写了一本名叫《宾至如归》的书,作为培训员工的教材。他在书中一再强调:"万万不可把心里的愁云摆在脸上,旅馆本身遇到的困难如何,希尔顿旅馆服务员脸上的微笑永远是属于旅客的阳光。"

这番话的核心就是我们常说的"顾客是上帝",体现了以诚相待的经营理念。只有满腔热情地对待顾客,才能充分展示商家以诚为本的美德,在世人面前树立公司美好而光辉的形象,赢得顾客的敬意和欢迎。

员工的敬业精神和顾客至上意识,都是需要通过各式各样的培训来予以强化的。员工的工作能力,则需要把培训与实践结合起来,来不断得到提高。

日本西武集团总裁堤义明经过20年的苦心经营,终于使自己坐上了世界首富的宝座。他是非常注重培训员工的,并对员工实施彻底的权限委任,以有效的激励机制,充分调动员工们的工作积极性和创造性,收到了很好的效果。

有一年,他收编了一支连续败北的棒球队,组建成自己的"西武狮王队"。原教练根本睦夫面临被撤换的厄运,但堤义明却认为,原球队之所以失败,原因是多方面的,不应由教练一人来承担全部责任。

根本睦夫仍旧被他委任为主教练,根本睦夫感激涕零,率领球队卧薪尝胆,苦练三年,就改变了原来的模样,取得了第四名的好成绩。到了第四年,球队又获得了奇迹般的飞跃,登上了职业棒球总冠军的宝座。原先亏损累累的棒球俱乐部也焕发了生机,获得了可观的盈利。

这套权限委任和激励机制被堤义明广泛运用于他的所有企业中,都收到了如此神奇的效果。他说:"我经常用船作比喻,你要轮船出航,全权委托给船长就可以了。你站在岸上,边拿望远镜看着边喊'往左'!'往右'!'喂!前面有暗礁,小心'!这样,船长就不好干了。因此,你只要专心致志地造出一流的船只,选好船长,对他好好进行教育,然后,你只要把目的地告诉他就可以了。几十年来,我就是这样干过来的。"

堤义明的培训工作做得更加出色,才使他拥有了称职的员工和一流的部门领导,使他的企业得到了飞速的发展。

员工的培训工作做得好,企业的发展就有了强大的后劲,在激烈的市场竞争中,就可以拥有足够的力量,来战胜对手,不断取得一个又一个胜利。

第十章 责任：肩担责任，同进同退

 5. 团结如一人

团结如一人，以团队的力量来出击市场，以规模经营的优势来进行竞争，就能以排山倒海之势，扫除前进路上的一切障碍，开拓出更广阔的市场空间。

团队精神突出的企业都是众志成城、万众一心的，不管在什么情况下，企业上下都能团结如一人，想企业之所想，急企业之所急，为企业的生存和发展殚精竭虑。

"团结如一人，天下谁能敌？"这就是团结的力量。一根筷子能够轻易地被折断，而数十根、数百根筷子抱成一团，就很难被折断了。团队的力量是十分强大的，在市场竞争中，以团队的力量出击，就会造成很强的冲击力和竞争力，形成局部的优势，战胜对手，抢占市场的更大空间。

领导层的高度团结就能形成强大的带头力量，做出正确的决策，使企业的进步更迅速，收益更巨大。

美国沙王·罗拜克公司的两位董事长沙玉与罗拜克在经营中合作得非常愉快，取长补短，共谋发展，使公司的营业额在一年内激增了10倍。为了使公司获得更大的飞跃，他们经过反复考察，聘请经营专家路华德担任公司的总经理，把经营大权交给了他。

路华德上任后，开始实施严格的质量管制，向所有的供货厂商提出要求，劣等商品调换费用必须由厂商负担，他们只承销优质产品。这一举动遭到了供货厂商的全面抵制，公司为此蒙受了不小的经济损失。

两位董事长并没有因此而责备他，而是继续和他进行深入的合作。经过一番艰苦的努力，质量管理终于获得了成功，优质产品吸引了无数的顾

客,10年之后,公司的年销售额竟突破了70亿美元的大关,成为美国声名远播的大型企业。

团队意识强的员工就会自觉地为企业着眼,为企业的发展出谋划策,贡献自己的聪明才智。

日本石油公司经过多年的艰苦努力,在全国各地都建起了自己的加油站。20世纪70年代,有个叫鸠实的公司职员向领导提出一个建议,能不能利用这种得天独厚的条件,在加油站旁边开设副业,以增加公司的收入呢?

公司董事会立刻开会讨论这一建议,得到了一致通过。过了不久,在全国各地的加油站附近,就很快出现了许多饮食店、小卖部等,为司机们提供了不少方便。后来公司又不失时机地推出了"贵宾卡",持卡的司机们享受优惠油价,受到了司机们的热烈欢迎。

实施了一段时间,公司的领导们惊讶地发现,这些依附于加油站的副业竟取得了很好的收益,甚至比销售石油的利润还要大。

企业内部团结一致,共同向着同一个目标努力,凝聚成一股强大的力量,就能战胜前进道路上的一切困难,为企业不断迎来新的成功。

平时的工作大家共同完成,有了难题大家一起出主意、想办法,心往一处想,劲往一处使,汗往一处流,一个人的事情就是大家的事情,大家的成就同时也是个人的成就。"团结如一人,天下谁能敌!"有了这般强大的凝聚力,就可以在市场竞争中无往而不胜。

日本有一家"下谷玻璃制品公司",公司内部就是相当团结的。有一个职员向老板提出了一项建议,认为我们拿杯子的时候是靠大拇指用力的,应该把大拇指压的那块地方做得凹下去,就能防止拿杯子时从手里滑脱。

另一个职员受到启发,向老板提出了另一个建议,说美国人的鼻子高,销往美国市场的杯子应该做成前面低的,呈倾斜状。

第三个职员综合了前两人的建议,认为把这两种方案结合起来,就显得更加完美。

于是,一种新颖别致的玻璃杯就问世了,因为形状独特,所以被命名为"酒窝杯",特别适合美国人的需要,虽说售价相对较高,但在美国市场上却一直畅销不衰。

在普通职员中蕴藏着巨大的创造潜力,只有营造出"团结如一人"的和谐工作氛围,才能把这种创造潜力充分激发出来,转化成企业不断进取的精神财富,使企业爆发出无尽的生机和活力。

在强大的竞争对手面前,弱小的企业团结起来,共同抗争,就能形成强大的力量,令实力雄厚的大企业望而却步。

20世纪30年代,美国奇异灯泡厂决定进占中国市场,为把艰难求生的中国民族灯泡企业彻底击垮,他们使出了狠毒的低价倾销战略:当时上海的灯泡批发价是0.2银元,而他们的"日光牌"灯泡却仅售0.1银元。他们企图以雄厚的实力做后盾,借助价格的绝对优势,迫使中国灯泡企业彻底破产。

在这外敌当前、生死存亡的危难关头,中国灯泡企业空前地团结了起来。他们发动所有的企业按比例捐献灯泡,再把这些捐献的灯泡也打上"日光牌"的商标,以0.05银元的超低价格出售,从而造成了在市场上同时出现两个"日光牌"的混乱局面。

面对两个不同品质、不同售价的"日光牌",贩运灯泡的商贩和购买灯泡的顾客都疑虑重重,不敢购买销售,顿时"日光牌"进军中国市场的道路变得步履维艰,美国奇异灯泡厂独霸中国市场的美梦从此破灭。

在异常艰难的生存环境中,中国灯泡企业获得了难得的发展良机,继续顽强地生存着,奋斗着,拓展着自己的经营空间。

在这里有必要讲一下规模经营。规模经营是指千方百计形成庞大的企业规模,不遗余力地抢占各个领域的制高点,以绝对优势的地位,全力压制和反击竞争对手的反扑,以达到企业快速成长、飞跃式发展的目标。

规模经营的另一大好处就是有效地降低了生产成本。我们都知道,规模越小,成本就越高,产品在市场上就缺乏足够的竞争力。规模经营就恰好弥补了这一缺陷,生产规模的扩大就意味着经营成本的大幅度降低,这对消费者来说很有吸引力,产品的竞争力就会得到增强,市场的占有率就会极大地提高。

日本企业之所以在世界上具有如此强大的竞争力,就是因为他们永不满足,在原有收益基础上不断扩张,追加投资,使企业规模不断扩大,生产成本迅速降低,形成了今天最具竞争力的企业王国。

日本的松下公司、索尼公司迅速地崛起,正是规模经营所带来的成

功。他们的产品如录相唱片产品、激光唱片唱机产品等等，都是靠着规模经营而大幅度地降低了销售价格，以价廉物美的特征，占领了世界市场。

而欧美的同类公司呢，却在规模经营上下的功夫不够，产品价格一直居高不下，在与日本产品的竞争中自然处于劣势，几乎无法抗衡，只好把市场拱手相让了。

可口可乐公司在100多年时间里一直长盛不衰，不仅仅是因为产品的品质优良，而且还因为他们一直坚持了规模经营，才最大限度地降低了销售价格：一杯可乐只赚几分钱的利润，有时甚至还不到1分钱。价廉物美的优势使他们一直独霸世界饮料市场，每年赚取数亿美元的利润，令人叹为观止。

山东曲阜三孔啤酒集团公司董事长宋文俊对此也深有体会，他说："啤酒经营是规模效益，没有规模就没有效益。"于是公司在原有30万吨啤酒生产能力的基础上，又扩建了30万吨生产能力，以便进一步降低成本，吸引更多的消费者，为企业带来更好的经济效益。

团结如一人，以团队的力量来出击市场，就能以排山倒海之势，扫除前进路上的一切障碍，获得胜利。

 ## 6. 以诚相待

在市场竞争中，锁定一两个目标之后，就要对其他商家进行联合，对扩大的消费者表现出无限的诚心，结成更广泛的联盟，争取到更强大的支持，使自己获得战无不胜的强大力量。

以信誉为企业奠基，以诚信来参与市场竞争，就能在公众面前树立一个光辉的企业形象，得到消费者的广泛赞誉，吸引消费者前来购买产品。这个道理是很好理解的，不少商家也都全力以赴地这样做了，并收到

第十章 责任：肩担责任，同进同退

了很好的成效。以诚相待，与消费者心心相印，就能使自己的企业获得强大的发展动力，这是不言而喻的。除此之外，还要对公司的员工、对合作伙伴、对自己所接触的各色人等，都拿出坦诚的态度，以诚相待。

有人要说，这样一来，岂不是与激烈竞争的现实相矛盾了吗？岂不是与前面所讲的用计、使诈、行狠等一系列行为相矛盾了吗？其实这完全是误解。

市场竞争是残酷的、你死我活的，但如果一味地使诈、行狠，那么就会四面树敌，就是再强大的商家，也会在众怒难犯之下，落得身败名裂的下场。

因此，在开展市场竞争的时候，一定要锁定其中的一两个目标，只对这些目标采取狠辣的攻势，而对其他商家则采取联合的办法，对广大的消费者更是要表现出无限的诚心，才能结成广泛的联盟，争取到强大的支持，使自己获得战无不胜的强大力量。

世界船王包玉刚经常对人说："成功是因为我身后有无数朋友的支持。"他为人厚道朴实，讲信守诺，很重友情，因此在世界各地结交了许多朋友，赢得了朋友们的广泛赞誉。

有一年，世界航运业正陷入严重的困境之中，但为了照顾老主顾的生意，他还是毅然向日本造船厂订购了6条船。这一举动给他增加了额外的经济负担，但却使身陷困境的日本船商感动不已，把他尊称为"最高贵的主顾"。

后来，航运市况转好，日本造船厂忙得应接不暇，但只要包玉刚订船，日本船商宁肯推掉其他生意，也要立刻为他动工。

包玉刚对人以诚相待，以自己的诚意换来别人的真心回报，投桃报李地得到了朋友们的坚定支持。将心换心，心心相印，这就是"诚信"的境界。市场人士只有不断向这个境界迈进，才能赢得合作伙伴、消费者和广大客户的尊重，把自己的经营推向更高的阶段。

日本吉田工业公司总经理吉田忠雄说："企业赚钱多多益善，但如果我们散布利益的种子，给予别人以利益，利益就会循环给我们，利益在我们大家之间不停地循环运转。"

王永庆是台湾地区的大富商，被人誉为"塑胶大王"。1953年，他去欧美市场考察，在旅途中幸遇玩具厂商卡林。

卡林当时在日本神户开了一家很有规模的吹气玩具厂，王永庆就力邀卡林到台湾投资办厂。卡林起初不答应，认为放弃日本的厂子很不合算，在台湾办厂又缺乏经验，存在一定的风险。

王永庆就慷慨地许诺办厂的费用由他承担，如果赚了钱，则归卡林所有。天底下哪有如此美事？卡林几乎不相信自己的耳朵。

王永庆就谈了自己的打算，他是生产PVC塑胶粉的，塑胶粉的销路一直是个问题，如果能和卡林一起合作的话，不仅能把塑胶粉直接销给卡林的厂子，而且还可以从卡林那里获得技术的支持，因此对双方来说都有好处。

卡林见他说得相当坦诚，就深受感动，答应与他进行长期合作。卡林的厂子在台湾开业后，每个月都要买进王永庆大量原料，王永庆的生意顿时红火起来。

以诚相待，就能使自己的团队得以最大限度的扩大，力量得以最大限度的增强，自己在竞争中的优势就会越来越明显，取得成功也就成了轻而易举的事情了。

对合作伙伴要以诚相待，对自己的员工、对广大消费者更是需要付出诚信，来换取他们的信任。

邱永汉在东京证券交易所进行股票投资与咨询，仅仅过了一年多，就获得了广泛的影响，被人们誉为"邱神仙"。只要他写股评文章，说哪只股票将要上涨，那只股票肯定就会狂涨不止。他在《周刊公论》上开辟了"拜访公司"的专栏，对证券公司和上市公司进行分析点评，凡是他推荐过的股票都无一例外地创了上市新高，成为一大奇迹。

他之所以会进行如此准确的预测，是与他诚实、严谨、负责的工作态度分不开的。有很多股评家在写文章时，并不到企业里去实地考察，而是凭着手头的一些资料，就敢信口开河，人云亦云。他却坚决反对这种轻率的做法，为得到上市公司的第一手资料，他总是亲自深入工厂、企业，与领导、员工进行深入交谈，力争全面掌握第一手的资料。

他写的每一篇文章，内容都十分翔实，观点都十分明确，都是他花费了大量时间和精力，实地考察得来的成果。他为投资者负责，总是大胆地讲真话，披露实情，绝不隐瞒那些不利的因素，做到了客观公正。

他的股评文章影响越来越大，有些企业就找到《周刊公论》编辑部，

第十章 责任：肩担责任，同进同退

提出了优厚的条件，愿意以提供一年广告为交换，只要他在"拜访公司"栏目中为他们做做宣传。

编辑部主任答应了此事，专程来找他商量，谁知却遭到了他的断然拒绝。他认为，接受了别人的恩惠，就无法保证评论的公正，就会失去信誉，结果对大家都没有好处。

编辑部主任再三请求他帮帮这个忙，他被纠缠不过，就严正表示，他从此退出《周刊公论》栏目。

这种处处为消费者着想的意识是诚信的高度表现，也是市场人士取得成功的关键所在，能够做到这一点的，就可以在市场中生存、发展下去。

福特汽车公司总裁亨利·福特就非常善于用人所长，从那些本身存有一定缺陷的人的身上，发扬他们可贵的才能和专长。

库兹恩斯性情粗暴，虚荣自私，但却对汽车经营具有丰富的经验，聪明能干，雄心勃勃，亨利·福特就特意把他任命为自己的秘书，让他参与公司的高层决策，使他有了大显身手的机会。他果然身手不凡，独创了一套推销方式和销售网，并提出了一系列富有新意的建议，使公司获得了非凡的收益。

对员工以诚相待，就能凝聚大家的力量，形成强大的团队精神，战无不胜，一往无前，夺取市场竞争的胜利。

第十一章 精神：
自强自立，开拓进取

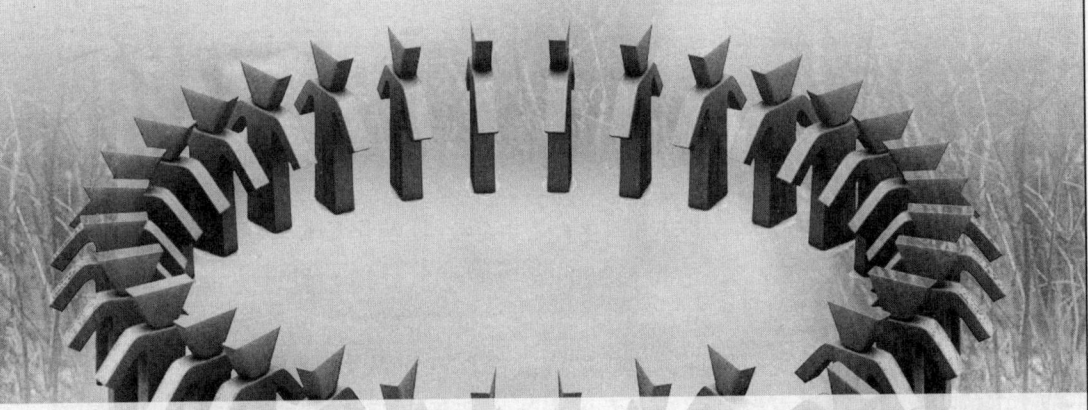

市场人士要想开创出自己的事业，就必须不屈不挠，矢志进取，勇于承受较高的市场风险，致力于塑造自己的企业精神，大胆拿来，不断创新，走出一条属于自己的创业之路。

1. 走自己的路

在市场经营中，凭着自己的自信、自强，在自己认定的道路上一往无前地走下去，就走出了成功，走出了辉煌，收获到别人无法想象的惊人财富。

有的商家在市场中跌打滚爬了几十年，收获仍旧微不足道，而有的商家刚刚进入市场，就取得显赫的成功，声名远播，日进斗金，原因何在呢？

经过对比，我们发现，成功的商家都具有很强的自主意识，能以独到的眼光，来发现市场机会，开发出全新的产品，而失败的商家呢，则总是人云亦云，跟在别人后面亦步亦趋，随波逐流。

"走自己的路，让别人去说吧。"这是一句流传甚广的名言，我们都能理解它的内涵，但要想做到这一点，却是相当艰难的。走自己的路，就意味着闯入别人从未进入过的领域，所要承受的风险是很大的，所要克服的困难是难以想象的，一般人往往望而却步，或是走到半路就当了逃兵。

那些成功者却完全不同，他们具有坚强的自信，向着目标不屈不挠地努力，坚忍不拔，屡挫屡战，直到踏平坎坷，走向成功的坦途。自尊、自立、自强、自信，是他们战胜一切艰难险阻的强大力量。

古今中外奠定了伟大事业的人们，无不走出了一条自己的路，他们勇敢地承担起了开路先锋的责任，把艰难困苦一律承受，只把宝贵的财富留给后人享用。

卡尔·本茨是奔驰汽车的奠基人，也是汽车的研制者和发明人。他将自己研制的马达装在一辆三轮车上，制成了世界上第一辆内燃机汽车，只

第十一章 精神：自强自立，开拓进取

有0.9匹马力。这辆由马达发动并加速的马车式三轮汽车，就是世界最早的汽车雏型、鼎鼎大名的"奔驰一号车"，至今它还陈列在德国慕尼黑德意志博物馆。

1886年1月26日"奔驰一号车"率先在德国曼海姆专利局获得了第37435号帝国专利证书，人类历史上的第一辆汽车从此诞生了，随即就轰动了整个世界，使人类奔驰四方的理想得以正式实现。这一天也因此变得不同凡响，被后人称作"内燃机汽车的诞生日"。

"奔驰一号车"在世界汽车发展史上具有至高无上的地位，不过它的性能却实在无法令人恭维，技术很不成熟，速度很慢，还不如马车快，走在路上还经常抛锚，因此当时的德国人都很轻视它，对它冷嘲热讽。卡尔·本茨受不了这些嘲讽，所以不愿意在公开场合来驾驶它。

他的夫人贝尔塔·本茨（Berm Benz）却对他的事业始终如一地支持。

1888年5月，贝尔塔·本茨准备带领两个孩子去看望100公里以外的外祖母，她决定驾驶这辆奔驰车前往。她坐在驾驶座上，两个孩子坐在她的旁边，车走得很慢，在路上吸引了无数人的注意，许多人停下脚步，好奇地观看。马达的"心跳"是那样的令人喜悦，她握着方向盘，似乎看到了奔驰车的光明前途。

奔驰一号车的首次出行还算顺利，只是在途中刹车出了点问题，好在影响不大，车最终还是开到了目的地，这是奔驰车有史以来的第一次长途跋涉。

贝尔塔欣喜异常，立刻给丈夫发了一封电报报喜："汽车经受了考验，请速申请参加慕尼黑博览会。"

奔驰车很快办好了参展的手续，在慕尼黑博览会上亮相，受到了人们的热情关注，获得了很高的评价。人们对早期汽车的偏见被有力地扭转了，奔驰车继续发展，在1895年7月的巴黎—波尔多—巴黎汽车拉力赛上，奔驰车夺得了冠军。

如果在世人的嘲笑声中，卡尔·本茨放弃了自己的研制工作，那么今天我们就不会有汽车来方便地代步了。他勇于走自己的路，走出了一条光辉的道路，为自己赢得了"汽车之父"的显赫地位。

皮尔·卡丹是世界上最著名的服装设计师，他设计的服装誉满全球，在世界各地都受到广泛欢迎，新的服装款式刚一面世，都会立刻掀起抢购

的狂潮。

在他出道之前，法国时装设计一直保持着豪华气派的特点，用料相当昂贵，只有上流社会的极少数顾客才能够穿得起。

皮尔·卡丹鲜明地提出了"成衣大众化"的口号，为普通消费者设计了一大批服装。他的举动震惊了法国同行，他们对他进行了极其猛烈的攻击，一致要求把他赶出巴黎时装舞台。但他始终不为所动，按照自己的想去，坚定不移地做下去。

皮尔·卡丹看到法国时装缺乏富有阳刚之美的男性时装，就毅然打破传统的做法，设计出了一大批很有个性的男性时装，改变了原有的时装格局，引起了保守派的极大不满，于是对他的攻击和谩骂就铺天盖地地袭卷而来。但他不予理会，坚持走自己的路，使自己的服装设计始终保持独特的风格，终于赢得了世界性的声誉。

1974年12月，皮尔·卡丹被美国《时代》杂志评为"本世纪欧洲最成功的设计师"。他却说："我已被人骂惯了。我的每一次创新，都被人们抨击得体无完肤。但是，骂我的人，接着就做我所做的东西。"

这些享誉世界的优秀企业家和发明家，凭着自己的自信、自强，在自己认定的道路上一往无前地走下去，走出了成功，走出了辉煌。我们虽说无法和他们相比，但在市场经营中，如果我们能积极地动脑筋，想办法，找到一条别人没有尝试过的经营之路，那么自己的收获必将是十分惊人的。

在国外有一种奇特的商店，名字叫作"老板无主意商店"，居然理直气壮地告诉广大顾客，本店老板在经营上毫无主意，有请各位顾客想想办法、出出主意。

这种商店在日本就有30多家，仅在东京就开了13家之多。

有些青年顾客有很强的发明创造的欲望，但却苦于没有展示自己才能的舞台，"老板无主意商店"正好迎合了他们的这种心理需求，于是充满奇思异想的各种发明创造纷纷在这里亮相，让人大开眼界。

商店的经营新奇别致，店里的商品也异乎寻常，不少顾客慕名而来，生意特别的好。表面上看是"毫无主意"，但事实上却是"最有主意"，这种新颖的经营之道，是多么奇妙啊。

走自己的路，首先要有这种意识和勇气，才能在习以为常的经营中，有所感悟，有所发现，并坚持下去，直到终有所得。

第十一章 精神：自强自立，开拓进取

 ## 2. 不屈不挠，愈挫愈坚

不屈不挠，愈挫愈坚，在哪里跌倒了，就在哪里爬起来，具备这种精神的商家，才能在市场竞争中顽强地生存下去。

市场经营从来没有一帆风顺的事情，许多意想不到的情况时刻都会降临，给我们带来严峻的考验和挑战。遭遇一时的挫败，是十分正常的，只要能够总结经验教训，及时加以补救，就能在良性发展的轨道上继续前进了。

不屈不挠，愈挫愈坚，在哪里跌倒了，就在哪里爬起来，具备这种精神的商家，才能在市场竞争中顽强地生存下去。

这是一种强大的自信，是克服一切困难的强大精神力量，在这种精神面前，任何艰难险阻都会被踩在脚下，成功就会在前方欢乐地向我们招手了。

约瑟夫·贺希哈是美国股市著名的高手，他通过炒股，从一个不名一文的穷小子变成了亿万富翁。最终的成功当然是十分辉煌的，可是他永远也忘不了自己曾经遭遇过的惨败。

他涉足股市那年只有17岁，凭着自己的聪慧、机智和刻苦，他净赚十几万美元，这使他欣喜若狂。第一次世界大战结束了，可股市还在下跌，他想可以买股票了，股价毕竟已经很低了。于是他下定决心，把所有的资金都买成拉卡瓦钢铁公司的股票，以为能够大赚一把。

谁知大大出乎他的预料，股价跌势难止，他的资金越跌越少，最终只剩下了4000美元，他伤心极了，失魂落魄。

但他并没有被失利所击垮，他痛定思痛，认真地总结了失败的经验教

训，得出结论："绝对不能在股市猛跌的过程中买进股票，单凭运气，没有可靠的消息来源，就贸然出击，是会吃大亏的。"

于是他决定改变原有的炒股方式，转而从事证券交易的经纪活动。他登记注册了自己的证券公司，专门向客户提供详尽准确的股票行情资料，来赚取稳定的收益。

由于他做过多年的证券普查工作，所以在从事经纪活动的过程中他轻车熟路，做得十分出色。随着客户的日益增多，他的收益也随之不断提高，没过多长时间，他一月的收入就达到了20多万美元，这在以前他可是连想都不敢想到的啊。

从痛苦的失败中走出来，使自己拥有不屈不挠的精神，勇于面对一切挑战，事业的成功就必将来到面前。

奔驰汽车公司有两大源头，分别是成立于1886年的奔驰汽车厂和戴姆勒汽车厂，创始人是汽车发明的鼻祖、被誉为"汽车之父"的两位汽车巨人：卡尔·本茨（Kael Benz）、戈特利勃·戴姆勒（Gottlieb Dainler）。

两人居住在仅有80公里之隔的德国两座小城内，却终生未曾见过一面，成为汽车史上的一大憾事。但他们的继承者却继往开来，把他们的事业发扬光大，使奔驰公司成为世界上第一流的汽车公司。

奔驰公司对这两位前辈给予了高度评价："这两位汽车发明的宗师有一个共同点，就是他们具有坚忍不拔的先驱精神。时至今日，他们的原则和态度仍然是研制各种新型奔驰轿车的原动力，这一点可见证于本公司在汽车工程各方面的无数创新发明，这些相继不断的创造发明是本公司发展史上一个个重要的里程碑。"

奔驰公司之所以发展到今天的规模，完全是具有了"不屈不挠、愈挫愈坚"的强大精神力量，公司的创始人所采取的一系列行动，成了公司的光辉榜样，产生了极其深远的影响。

19世纪的欧洲，工业革命如火如荼，尼古劳斯·奥托（Nikolaus Otto）在德国发明了四冲程内燃机，它的问世，给汽车的发明带来了决定性的影响，内燃机汽车如同即将出世的婴儿一般，在静静地孕育中。

70年代，卡尔·本茨开始研制内燃机汽车，他废寝忘食地做着实验，但却一次又一次地失败了。他的夫人非常支持他的事业，鼓励他，帮助他，使他在失败的打击面前，始终保持顽强的斗志，毫不气馁，一如既往

地坚持下去。

1879年除夕，吃过晚饭，他和夫人又一次进行单缸卧式汽车马达实验。也不知过了多久，终于马达发出了"啪啪啪"的声音。"成功了！我们成功了！"他和夫人拥抱在一起，高兴地欢呼起来。

新年的钟声就在这时敲响了。他们激动地说："那钟声不仅是迎接新年，也象征着一个新世纪的开始，世人从此会有一种新的心跳了。"

如今他们的预言已经成为现实，在世界的每一个角落，到处都可以听到汽车的马达那悦耳的"心跳"声。

1883年卡尔·本茨在德国曼海姆建立了自己的工厂——本茨发动机制造厂，生产世界上最早的空气压缩打火发动机，后来这家工厂发展成举世闻名的奔驰汽车厂。

不能经受失败打击的商家断难成为成功的商家，只有不屈不挠，勇往直前，才能走出失败的阴影，迎向胜利的曙光。

3. 塑造企业精神

注重对企业精神的塑造，就能使自己的企业始终拥有饱满的工作热情、优良的团队意识、敢为人先的大无畏姿态，创造出一流的企业文化，树立起良好的企业形象。

我国改革开放的设计师邓小平曾反复强调："人是要有一点精神的。"没有一点精神的人，就是一具行尸走肉，同样的道理，没有一点精神的现代化企业，只是一具冰冷的机器，不会赢得任何一个客户。

日本松下公司非常注重培养员工的"松下精神"，通过各种行之有效的方式，力争把员工塑造成工业报国、光明正大、奋斗向上、礼貌谦虚、适应形势、感恩戴德的"松下人"。

松下公司在日本率先实施"五天工作制",推出了极其优厚的高福利政策,建立"松下纪念馆",把对员工的尊重落到了实处。

在员工们眼里,松下公司成了"既愉快又赚钱的场所",大家的工作积极性被极大地调动了起来,为公司创造了数以亿万计的财富。

塑造企业精神,已成为无数优秀企业家的共识,他们深深懂得,这种精神是凝聚所有员工、团结进取、战胜一切困难的强大动力,能使自己的企业在市场竞争中始终以饱满的工作热情、优良的团队意识、敢为人先的大无畏姿态,来取得竞争的胜利。

亚马逊网上书店从开业的那天起,就致力于塑造自己的企业精神,以给读者提供最快的服务、最好的服务为最高宗旨。

在网上的每件商品下面,都标有"定价""非本公司特价""您会省下多少钱"三项内容,便于读者货比三家,以最少的钱买到最满意的商品。亚马逊网上书店每卖一本书,利润仅为2%,而另一家大型书店"巴诺书店"的利润却高达30%,具有了明显的价格优势。

读者选好书后,把自己的账号、密码、地址输进去,仅需短短三秒,书就买成了,最多两天,书店就会把书送到读者的手上。

只要你在亚马逊网上书店有过一次买书的经历,下次你再去看书的时候,网络就会自动给你提供一个参考书架,把你可能喜欢的一类图书都详尽地提供给你。

亚马逊网上书店还非常注重读者的反馈意见,对自己的服务项目不断进行改进。有一次,书店准备把部分网页提供给出版商做广告,但却招致了读者的强烈反对。书店立刻接受了读者的意见,取消了这个计划。

书店还实行了一项独一无二的政策,即"不满意就退款",不管书是否已经被读者损坏,或是被人撕去几页,只要读者觉得自己对其中的内容不满意,就可无条件地得到全额退款。

通过这一系列措施,亚马逊网上书店塑造出了"读者至上、优质服务"的企业精神,受到了读者的热烈欢迎,从而当之无愧地成为图书市场的巨无霸,成为电子商务领域的开路先锋,对市场经营方式产生了极为深远的影响。

与此相类似,日本三菱公司经常采用赠送节日礼物和生日礼物的方式,给顾客送去温馨的祝福。每年元旦,总经理还亲自来到节日礼物领取

处，给顾客发放第一份礼物，并与顾客合影留念，让真情在彼此之间流动。

英国的马克斯·斯宾塞百货公司是一家首屈一指的大型商场，在全国每一个城市都开设自己的分公司，在英国消费者心目中具有极其良好的信誉。

他们坚决拒绝做任何形式的广告，特别注重塑造自己的企业精神，力求把良好的口碑扎根在人们心里。英国前首相撒切尔夫人常常前来光顾，并对公司的企业形象赞誉有加。

这家公司的创始人叫马克斯，是一个波兰犹太人，他一路流浪，来到英国里兹城，已经是一无所有、一贫如洗了。他只好借钱买了一些小商品，摆了一个小地摊。由于他不会说英语，没法和顾客谈价，就自己制作了一个招牌，在上面写着："不要问价钱，每件一便士。"

由于商品质量较好，价钱又很便宜，所以光顾的人很多。他就这样像个哑巴似的卖了两年，积攒了一些本钱，然后扩大了自己的经营规模，开了几家"便士市集"，坚持运用这种独特的销售方式来进行经营。

英国人斯宾塞对他的"便士市集"产生了浓厚的兴趣，很快成了他的合作伙伴，共同缔造了"马克斯·斯宾塞百货公司"，并通过艰苦不懈的努力，把公司扩张到了英国的每一个城市，具有了庞大的规模。

经营规模虽说扩大了，但开创者们所形成的优良传统却一直保持了下来，以良好信誉为核心的企业精神得到了发扬光大，使公司在消费者心目中始终占有很高的地位。

公司绝不直接从制造商处进货，而是派出技术员监督制造商，必须严格按照自己的要求来生产商品，从而保证了产品的质量。他们从不给顾客开发票，但只要有顾客前来退货，他们都毫不迟疑地给予退换。因为他们的品牌"圣·米歇尔"是举世无双的，他们永远承认自己的品牌，像保护自己的生命一样，保护着自己的品牌。

夸夸其谈的推销，喋喋不休的广告，都使现代人感到了普遍的厌倦，只有这样的企业精神才光芒四射，永存于天地之间。但可惜的是，在我们身边，有不少市场人士却对此缺乏足够的认识，把企业精神当作虚的、可有可无的东西，毫不理会。

以"百龙矿泉壶"在中国市场上闯荡了一番的孙寅贵在他的总结性著作《总裁的检讨》里深刻地反省说："我们当时所处的那个轰轰烈烈的时

代,让人没时间去慢慢体会管理的成效和管理的结果。""那年月凭嘴说就行了,谁也不愿意去实干。""企业的创新水平和创新节奏不够成熟和老道,使创新行为看上去还是盯着眼前利益和市场份额不跌。"

新的世纪已经来到了,"凭嘴说就行"的浮夸作风和"盯着眼前利益"的短期行为已经被残酷的现实击得粉碎,不注重企业精神,忽视对企业形象的打造,企业最终将失去最后的一块立足之地,这应该引起我们的足够重视。

4. 拿来主义

我想要,我就去拿,拿来了,就是我的,这就是我们常说的"拿来主义"。在拿来的时候,还要有所鉴别,有所比较,有所创新,使拿来的技术资金、人才等都在最短的时间内转化成自己的东西。

"拿来主义"是鲁迅先生所积极倡导的,意思是说要努力学习别人的长处,凡是对自己有用的,都要毫不犹豫地拿来,想方设法地拿来,不动声色地拿来。

日本在第二次世界大战中被彻底击垮,但战后不久,日本经济就得到了奇迹般的复苏,经过几十年的大力发展,现在日本已经成为世界经济巨人。

奥秘何在呢?关键就在于日本人善于"拿来",从美国拿来先进技术,把美国人刚开发的新产品拿来,投入到日本市场,连日本人自己都说:"美国人打喷嚏,日本人就会得肺炎。"

最近20多年时间里,日本共从西方国家引起先进技术两万多项,所花费的资金只相当于研制国家为此花费的1/30。这些技术为日本带来来了巨大的财富,为日本迅速成为经济强国打下了坚实的基础。

第十一章 精神：自强自立，开拓进取

日本的企业家同样是"拿来"的高手。有一个叫藤田的日本老板，通过商业往来，在世界各地结交了不少朋友。每年他都要到这些朋友家里住几天，四处看看，以便发现一些去年没有而今年新添置的东西。

这天，他到了一个美国朋友家里，刚住下的第一件事，就是把朋友家里从里到外参观了一遍，一旦看到什么新鲜的东西，他总要详细地询问朋友为什么要买、有什么优点、效果怎么样等一系列问题。

一种新型的袖珍计算机就这样进入了他的视野，经过反复询问和深入考察，他认定这种商品在日本大有前途，于是他立刻找到生产厂家，签订了购货合同，投放日本市场，为自己赚取了可观的收益。

从日本人实施"拿来主义"的经验中，我们能得到不少有益的启示：只有大力引进外资、引进生产技术、引进先进的管理经验、引进高水平的人才，才能使自己的企业得到全新的改观，在市场竞争的战场上神奇地崛起。

仅从这一点来说，日本人是很具有一些"狼性"的，不像那些虚伪的谦谦君子，嘴里说着"不要"，事实上却心存妄想，也不像那些妄自尊大的可怜虫，明明不如别人，却对别人的优秀成果视而不见。我想要，我就去拿，拿来了，就是我的。

"拿来主义"是向别人学习、取长补短的一大原则，我们要始终奉行这一原则，力争做出更大的成绩。但在"拿来"的时候，还一定要牢记，千万不可头脑发热、盲目行事，要像鲁迅先生说的那样，有所鉴别，有所比较，有所创新。

要广泛搜集各种商业信息，根据市场的实际情况和自身的发展需要，有针对性地"拿来"。拿来之后，还要很快地加以研究，大胆地进行创新，使拿来的技术、资金、人才等都在最短的时间内，转化成自己的东西。

把有用的东西拿来，是自己的福音；把无用的东西拿来，是自己的灾难。"拿来"的效果究竟如何，要看自己的眼光、胆识和智慧，是万万不可随意的。

凯蒙斯·威尔逊建成了遍布全美国的假日酒店，赢得了广泛的客源，取得了空前的成功。为使酒店发展得更迅速，他决定在此基础上，更上一层楼，大胆引进现代化管理，买进电脑，为各地的假日酒店建立广泛的联系。

但当时正是20世纪60年代，电脑的运用还很不广泛，许多人甚至都没摸过电脑，而且电脑的售价也还十分昂贵，他委托IBM公司进行设计安装，就需要一次性投资800万美元，风险是很大的。

尽管有许多人反对，但他还是决心冒这个险。他向银行贷款，需要担保，他毅然拿自己的全部财产做抵押。这也就是说，如果电脑系统运作失败的话，他将彻底破产，成为不名一文的穷光蛋。

他坚定地在合同上签了字，他相信自己的眼光，他相信他的酒店安装了这套现代化的电脑系统就会如虎添翼，在市场竞争中变得更主动，更敏锐。

事情果然按照他的预计在发展，他的假日酒店拥有了这套先进设备，就立刻在市场中占据了极大的优势。要知道，在当时，还没有哪一家连锁旅馆采取如此先进的通讯手段。

到了70年代，假日酒店的一年总收入就达到了10亿美元，超过了另外三大竞争对手希尔顿、马里奥特、谢拉顿的总和。

有拿来，才有新气象，有拿来，才有新发展，在风云变幻的市场中，如果裹足不前，对外界的新生事物缺乏拿来的胆识和勇气，那么我们必将落伍，必将被市场所淘汰。

勇敢地去拿来吧，企业的进步和事业的辉煌就全掌握在手中了。

5. 高风险，高收益

在市场竞争中也是如此，风险越高，参与的人就越少，所带来的利润也越丰厚。敢于进行风险决策，往往能使企业获得超常规的飞速发展。

市场经营时刻都有风险，一味地求稳、怕变、裹足不前，贻误的是战机，丧失的是利益，断送的极有可能就是企业的光辉前程。

人生在世，随时随地都是有危险的，尤其是在市场竞争中，所要承受的风险更大，每分每秒都会出现。

第十一章 精神：自强自立，开拓进取

面对危险，弱者胆战心惊，裹足不前，而强者则信心百倍，勇往直前。只有藐视风险，敢于迎接风险的挑战，才能战胜风险，取得经营的成功。

高风险，高收益，这是市场人士的共识。风险越高，参与的人就越少，所带来的利润也越丰厚，关键是看我们有没有这种胆识、这种才能来趋利避害，把风险转化为财富。

1978年的美国洛杉矶奥运会是历史上最独特的一届奥运会，因为前几届奥运会都造成了数亿美元的巨额亏损，所以洛杉矶的市民们自发组织起来，集体上街游行，坚决反对本市举办奥运会。

美国政府也明确表态，不会给奥委会投资一分钱，奥委会立刻陷入了前所未有的困境，这届奥运会面临着夭折的危险。

在这危急关头，美国富商彼得·尤伯罗斯走马上任，担任了这届奥运会的主办人。当他接受邀请的时候，就明白这是一个十分艰巨的任务，如果运作得当，他就会功成名就，名垂青史，并赚得巨额的财富，但如果运作失败，他不仅会身败名裂，而且还很有可能破产，把他这些年来辛辛苦苦赚得的数亿美元的家产全部赔进去。

他经过慎重考虑，认为风险虽然巨大，但收益同样诱人。数十年的从商经验告诉他，存在的风险虽是无法回避的挑战，但如果精心筹划，充分利用奥运会这块金字招牌，他还是完全有希望改变前几届奥运会亏损累累的现状，开创一个大获收益的良好局面的。

他下定决心，卖掉了自己那家如日中天的公司，准备把全副精力都投入到奥运会的筹办工作中。

他走进奥委会的办公室，吃惊地发现，房内空空如也，没有一分钱的运作经费，他只好自己掏出100元钱，到银行为奥委会开了一个户头。

筹办奥运会需要很多很多的钱，怎么样才能在最短的时间里把这笔巨款筹到手呢？他盘算再三，想出了一个高招。

他来到美国最大的两家广播公司，告诉他们说自己将拍卖奥运会的转播权，请他们参加竞拍。他的底价是2.35亿美元，他向他们反复陈说利害，信誓旦旦地说一旦他们取得了转播权，就将为公司增加许多收益。

美国广播公司被他说动了心，又请出智囊团进行再三权衡，觉得竞拍转播权确实有利可图，就赶在全国广播公司之前，把转播权竞拍到手。

一招得手,他立刻继续出击,把海外实况转播权拍卖给了外国公司,仅这两项拍卖,他就为奥运会筹到了28亿美元,这样一来,整个美国都被轰动了。

接着,他又拿出奥运会的独家赞助权,向全世界宣布,这届奥运会只接收30个正式赞助单位,其中每个行业选择一家。赞助单位至少要赞助400万美元,所得到的报答是,可以享受奥运会这项商品的独家供应权。

于是,各个行业的企业家们为了使自己的产品在奥运会上精彩亮相,都纷纷加入了竞拍的行列之中,赞助款逐节攀高,喜得他合不拢嘴。通过这一项,他又为奥运会筹到了385亿美元的巨款。

除此之外,他还通过其他渠道,广泛筹集资金,没过多久,各种款项相继到位,他一算,发现所筹的资金绰绰有余,这届奥运会是能够圆满地开起来了。

在奥运会比赛场馆、生活设施建造的过程中,他强调尽量节省:能够使用原有场馆的,就不再新建;能够通过改建和扩建、达到使用标准的,就在原有基础上进行改建和扩建;能够动员工商企业给予赞助的,他就不再自己掏腰包……

有许多美国人都愿意到奥运会来充当志愿者,他当然热诚欢迎,刊登广告,公开招聘一大批志愿人员。结果,在5万多名工作人员中,光志愿人员就占了一大半,这又为他节省了不少钱……

奥运会胜利结束了,他创造了一个奇迹,在他手里,奥运会不再亏损,而是净赚了15亿美元,他也从中获得了475万美元的收入。

奥运会闭幕的时候,10万观众为他热烈鼓掌,他以自己的出色运作,赢得了美国人民的由衷爱戴,成为世界性的风云人物。

敢于进行风险决策,善于进行风险决策,往往能使企业获得超常规的飞速发展,在短短的几年间就走过其他企业需要几十年甚至上百年才能走完的路程。

风险决策的诱惑力是相当大的,但与此同时,所要承担的风险也是相当大的,必须进行科学的论证、全面的市场调研、周密的部署和安排,才有可能获得成功。

东方通信有限责任公司于1990年成立,仅有资产2000万元,董事长施继兴大胆进行风险决策,使公司成功地实现了大飞跃,8年后已发展成为

第十一章 精神：自强自立，开拓进取

我国通信产业的龙头老大，谱写了市场经营的一大奇迹。

当时公司决定实施移动通信业务，但权威部门和普通中国人都对这一市场表现得相当悲观。公司预计投产3年后，产量有望达到8000台，却有许多人对这一预测持怀疑态度。可谁想到，8000台在现在只是一个星期的产量，那些对市场素有研究的专家们也不由得大跌眼镜了。

公司决定与摩托罗拉公司进行合作，更是一件极具风险的壮举。1989年春夏之交的政治风波刚刚过去，中美贸易受到了极大的影响，在这时引进摩托罗拉移动电话产品技术是非同小可的事情，谁能承担得了责任？但施继兴知难而进，经过了一番波折，终于与摩托罗拉公司签订了合作协议。

手机生产出来了，投放市场，最初的反应竟十分平淡，无人问津。潜在的市场风险步步逼进，但公司置风险于不顾，继续实施风险决策，大胆引进了基站设备技术。

从1990年到1993年，在两次引进项目里，公司就向银行贷款8000万元。高负债意味着高风险，但公司大胆引进的新技术，却使公司获得了神速发展。

我国移动通信发展的黄金时期就在世人怀疑的目光里到来了，风险决策为公司带来了极其丰厚的回报，1992年公司销售收入突破了4亿元大关，比1991年翻了三番，公司首次跻身于"中国五百强"的行列。在随后的几年里，公司继续实施风险决策，在激烈竞争的通信市场开拓进取，走向更加辉煌的未来。

敢于进行风险决策，就能为自己的企业带来非常规的发展，在短短几年间连续跨越几个台阶，取得令人瞩目的成绩。当然，这种风险也是非常大的，如果一招不慎，带给企业的也很可能会是灭顶之灾，因此市场人士在这样做的时候，一定要三思而行，慎之又慎。

 6. 创新是企业的生命

我们要勇于打破固有的思维模式，时时刻刻重视技术革新，不拘一格地寻找新的经营方式，使自己的企业获得更长久的生命力。

一个企业、一个团队如果有了创新精神，就会不断地想出新点子，就会为企业的发展不断闯出新路子。新点子与新路子，在所有成功企业的发展史上都具有决定性的影响，成为其中最为关键的一大因素，这已为无数事实所证明。

日本电信电话公司投入巨资，在全国各地设置了数以万计的电话亭和电话间，只要人们按规定投进一定数量的硬币，就可以很方便地拨打电话了。这对百姓的生活提供了很大的方便，按说应该能大幅度地提高公司的效益，但事实却恰恰相反，公司的利润并没有出现想象中的增幅。

公司派人进行了专门的跟踪调查，发现原来是硬币的原因。携带硬币不大方便，如果口袋里碰巧没硬币了，人们就会放弃打电话的念头，使公司的效益受到影响。

针对这一弊端，公司很快想出了应对之策：依照录音机的磁带原理，制作一种方便携带、专门用于打电话的磁卡。经过科研人员的日夜攻关，磁卡终于问世了，一投入市场，就立刻风靡了整个日本，随后又占据了全世界的电话市场，一个全新的产品"磁卡电话"就这样诞生了。

新点子闯出了一条财源广进的新路子，磁卡为公司带来了可观的效益。为使这条财路永远保持活力，公司又借鉴邮票的设计方法，聘请专家来为磁卡设计图案，使磁卡像邮票一样，也具有一定的收藏价值。

经过广泛征集和慎重评选，设计家竹野幸山设计的"喜、乐、音、

诗"四种图案的磁卡因风格独特而力拔头筹，成为世界上第一套具有收藏价值的电话磁卡，轰动了全世界。这套磁卡被收藏家们争相抢购，价格一路飙升，居然一度被炒到10万日元的天价。

在一派大好形势中，公司又不失时机地推出了与之相配套的专业杂志，成立了"电话卡爱好者协会"，设立了多处电话卡交易市场，使磁卡销售越来越热，公司效益也随之大幅度地提升。

磁卡从无到有，从用于打电话到具有收藏价值，从收藏热到电话卡理论研究，公司处处把握先机，时时抛出新招，吸引公众的消费欲望，开拓出全新的市场，这充分体现了创新在企业经营中的决定性作用。

企业的发展是离不了创新的，而创新又是离不了丰富的想象的。可以这么说，想象是创新的源泉，而创新是企业的生命。

美国加州兰丽公司为把自己的产品推入市场，特意进行了精心的策划。他们先在各大报刊上刊登了一则很有悬念的广告，用大标题写着："很久以前，一双手展开了一个美丽的传奇故事……"然后告诉读者，这个故事已经绘制成图册，只要读者来信索取，就可无偿地得到。

有很多人看了广告，好奇心油然而生，纷纷来信索取图册，很快，图册就寄到了他们手中，他们就看到了一个动人的故事：

很久以前，有一个厨艺十分高超的厨师在王宫里为国王精心烹饪，无论是山珍海味，还是平常蔬果，他都能烹调得色香味俱全，让国王吃得兴高采烈，胃口大开。

可是有一天，厨师的手忽然生了一种怪病，又红又肿，什么可口的饭菜都做不出来了。国王很着急，派御医给他诊治，但毫无效果。他十分伤心，只好离开王宫，流落到一个小山村给人放羊。

每天他都用手给羊梳理柔软的毛，还经常用手给羊剪去长长的毛。奇怪的现象发生了，他的手渐渐不疼了，高高肿起的硬块一天天小下去、消退了，天长日久，他手上的怪病竟不治而愈了。

他又来到了王宫，这时国王正为找不到技艺高超的厨师而吃不好、睡不好，一吃到他做的饭菜，顿时喜出望外。由于他蓄起了长长的胡须，国王没有认出他，只是对他大加赞赏。

后来他恢复了自己的本来面目，国王更是又惊又喜，忙问他是怎么样把病治好的。他讲了事情的经过，国王连忙派出大批科学家对羊毛进行分

析研究，结果从羊毛中发现了一种天然的油脂，证实它对皮肤病有特殊的疗效，于是国王把它命名为"兰丽"，让它为人类造福。王宫内外人人争相使用，兰丽绵羊油成为一种美容佳品，享誉全世界。

这个故事是兰丽公司凭空编造出来的，是为了巧妙地宣传自己的产品"兰丽绵羊油"，充满了丰富的想象、神奇的境界、优美的感情，深深打动了读者的心。出于对这个故事的倾倒，许多人慷慨解囊，抢购这种产品，使它迅速地占领了市场，收获了可观的利益。

这就告诉我们，要打破固有的思维模式，展开丰富的想象，不拘一格地寻找新的经营方式，时时刻刻重视技术革新，广泛听取和采纳各种合理化建议，对那些富有创意、具有革新意识的新方法、新思路要及时给予充分的肯定，以便凝聚成无数的智慧结晶，为企业的发展不断开创崭新的空间。